高等职业教育物流类专业"互联网+"创新教材

物流企业沙盘模拟实训教程

第2版

主　编　陆清华　杨　阳
副主编　翟　玲　李　彬
参　编　陈明舒　吴　健　田青艳
中教畅享（北京）科技有限公司组编

机械工业出版社

本教材针对全国高等职业院校现代物流管理、工商管理等专业对物流企业沙盘模拟实训教材的需求，以中教畅享（北京）科技有限公司开发的 ITMC 物流企业模拟经营电子沙盘为平台，结合全国大学生企业模拟经营大赛选取教材内容。教材注重实用性，内容体现工作任务导向，结构体现学生本位，采用封装活页式，强调边学边练，以练促学，以赛促学。

本教材结构完整，框架清晰，内容实用，共分为五个项目，按照教学规律整理出各个项目的任务目标、任务介绍、任务分析、知识准备、职业判断与业务操作、思考与练习题、扩展阅读七大学习板块。教材插入大量图片，同时配有软件操作视频，为学习者提供全新的学习体验。教材采用活页式方式设计了"实训手册"，使教材具有工作手册式教材的特征，突出应用性和实践性，体现了以需求为导向、以"做中学"为教学模式的职业院校教材特点。

本教材适用于高等职业院校现代物流管理、工商管理等专业开设的物流企业沙盘模拟实训课程，也可作为相关企业人员参考用书。

图书在版编目（CIP）数据

物流企业沙盘模拟实训教程 / 陆清华，杨阳主编. —2 版. —北京：机械工业出版社，2022.10（2024.8 重印）

高等职业教育物流类专业"互联网 +"创新教材

ISBN 978-7-111-71978-6

Ⅰ. ①物... Ⅱ. ①陆... ②杨... Ⅲ. ①物流企业—企业管理—计算机管理系统—高等职业教育—教材 Ⅳ. ① F253

中国版本图书馆 CIP 数据核字（2022）第 207915 号

机械工业出版社（北京市百万庄大街 22 号　邮政编码 100037）
策划编辑：董宇佳　　　　责任编辑：董宇佳　张美杰
责任校对：李小宝　贾立萍　封面设计：鞠　杨
责任印制：张　博
北京建宏印刷有限公司印刷
2024 年 8 月第 2 版第 3 次印刷
184mm×260mm • 13.25 印张 • 305 千字
标准书号：ISBN 978-7-111-71978-6
定价：45.90 元

电话服务	网络服务
客服电话：010-88361066	机 工 官 网：www.cmpbook.com
010-88379833	机 工 官 博：weibo.com/cmp1952
010-68326294	金 书 网：www.golden-book.com
封底无防伪标均为盗版	机工教育服务网：www.cmpedu.com

物流企业沙盘模拟实训课程是高职院校现代物流管理等相关专业的一门职业技能课程，是一种以信息技术为主，以物流实体模型为辅，对第三方物流的实际运作进行模拟的实战演练。通过物流沙盘教育和培训，学生一方面可掌握物流管理相关实用理论，另一方面也可掌握物流企业实际运作的操作技能，培养团队合作精神、抗压能力、沟通能力等综合素质，为学生未来从事物流相关工作打好基础。物流沙盘作为一种颠覆传统的教学和培训模式，目前已在广大高校和物流企业的教学与培训中广泛运用。

物流企业沙盘模拟实训主要通过物流沙盘的模拟让学生了解第三方物流公司的经营过程。其主要是采用体验教学方式，将学生分成多个小组，每组5～6人，组成一家物流企业，学生分别担当不同的角色，有总裁、营销总监、财务总监、财务助理、运输调度、仓库保管等，连续经营数个会计年度，由于各组学生决策不一样，每年的经营结果也就不一样，有的企业越做越好，有的企业可能面临破产，老师根据学生的经营结果，每年进行点评和分析。通过这种模拟训练，使受训者在分析市场、制定战略、营销策划、选址建仓、运输调度、财务管理等一系列活动中，领悟科学的管理规律，全面提升管理能力。

本教材以中教畅享（北京）科技有限公司开发的ITMC物流企业模拟经营电子沙盘为平台，结合物流企业模拟经营大赛进行编写。在教材内容选取上注重学生职业能力的培养，实现工作任务与学习任务的对接、工作标准与学习标准的对接、工作过程与学习过程的对接。以项目来整合，以任务来序化，以任务开展的顺序训练技能点，重点培养学生的操作技能、独立思考能力和团队意识。

本教材第1版自2014年9月出版以来，得到了社会各界的广泛认可，不少高校同行和业界朋友都鼓励作者更新版本，作者也深受鼓舞，但由于时间和精力有限一直未能如愿。8年后，在各界朋友的支持下，本教材第2版终于跟读者见面了！此次修订重新梳理了教材结构，增加了软件操作视频、拓展阅读、实训手册等一些新的资源，采用工作手册式封装方式，使本书具有工作手册式教材的特征，体现了以需求为导向、以"做中学"为教学模式的职业院校教材特点。中教畅享（北京）科技有限公司一起参与了教材大纲和修订方案的制订，并完成书中部分图片处理，没有他们的帮助，本书无法顺利完成。

本教材由天津滨海职业学院陆清华进行全书设计和后期的整理、统稿、定稿工作。各项目具体执笔人员是：天津滨海职业学院翟玲完成项目一任务一、项目五任务一、三的编写，天津滨海职业学院陆清华完成项目一任务二、项目五任务六和实训手册的整理和编写，天津滨海职业学院陈明舒完成项目二任务一、二的编写，天津滨海职业学院田青艳完成项目三任务一、二的编写，威海海洋职业学院吴健完成项目四任务一、二的编写，山东经贸职业学院杨阳完成项目五任务二、四、五的编写，天津滨海职业学院李彬完成拓展阅读部分的编写。本教材在编写过程中参考和引用了相关的文献资料，在此向这些文献的原作者表示由衷的感谢。

由于编者的水平和学识有限，书中错误、缺点在所难免，还恳请广大读者和专家提出宝贵的批评和建议。可发至邮箱 luqinghua01@126.com 进行交流和联系。

本书配有电子课件、操作视频等教师用配套教学资源，凡使用本书的教师均可登录机械工业出版社教育服务网 www.cmpedu.com 下载。咨询可致电：010-88379375，服务QQ：945379158。

编　者

目录

前言

项目一　了解企业　认知沙盘　1
　　任务一　了解物流企业　1
　　任务二　认识物流沙盘　8

项目二　组建团队　创建企业　16
　　任务一　模拟物流企业经营分析及岗位分工　16
　　任务二　创建模拟的第三方物流公司　19

项目三　掌握规则　学会操作　25
　　任务一　企业经营规则及操作介绍　25
　　任务二　相关术语解释　35

项目四　掌握流程　学会经营　40
　　任务一　公司工作流程介绍　40
　　任务二　特殊任务处理　65

项目五　实践经营　提炼技巧　76
　　任务一　企业战略管理　76
　　任务二　营销方案设计　86
　　任务三　物流网络规划　100
　　任务四　配载方案设计　112
　　任务五　运输路线设计　123
　　任务六　财务管理　152

参考文献　165

（附）实训手册

项目一
了解企业　认知沙盘

任务一　了解物流企业

任务目标

- 了解物流公司经营业务。
- 熟悉物流公司组织结构。
- 掌握物流公司各职能部门职责。
- 掌握物流电子沙盘登录方法。

任务介绍

顺发物流，作为国内快递行业中首家拥有自有全货机的公司，拥有88架全货机，9个枢纽级中转场，49个航空、铁路站点，150个片区中转场，321个集散点。顺发物流内外运力持续提升，其自有的航空网、快递网、同城网与高铁网形成"四大网络"高效融合。同时，波音757-400ERF全货机已正式入列机队，在运营的自有全货机达57架。

顺发物流于1993年3月26日在广东顺德成立，是一家主要经营国际、国内快递业务的港资快递企业。初期的业务为顺德与香港之间的即日速递业务，随着客户需求的增加，顺发的服务网络延伸至全国各地，成为我国速递行业中速度最快的快递公司之一。

试通过对典型物流公司的梳理，分析企业类型和业务以及发展现状。

任务分析

了解我国的主要运输线路覆盖分布情况，对物流企业的运输线路进行分析。

知识准备

一、物流企业类型及业务现状

1. 物流企业类型

物流企业分为三大类：

（1）运输型物流企业：以从事货物运输业务为主，包括货物快递服务或运输代理服务，具备一定规模，可以提供门到门运输、门到站运输、站到门运输、站到站运输服务和其他物流服务，具备网络化信息服务功能，应用信息系统可对运输货场进行状态查询、监控。

（2）仓储型物流企业：以从事仓储业务为主，为客户提供货物储存、保管、中转等仓储服务，具备一定规模，能为客户提供配送服务以及商品经销、流通加工等其他服务，具备网络化信息服务功能，应用信息系统可对货物进行状态查询、监控。

（3）综合服务型物流企业：从事多种物流服务业务，可以为客户提供运输、货运代理、仓储、配送等多种物流服务，具备一定规模。企业配置专门的机构和人员，建立完备的客户服务体系，能及时、有效地为客户提供服务。

2. 物流企业业务现状

物流企业以从事全球运输业务为主，通过网络架构完成国际供应链和国内供应链的运输规划、运营和管理。

物流产品主要包含：时效快递、经济快递、同城配送、仓储服务、国际快递等多种快递服务，以零担为核心的重货快运等快运服务，以及为生鲜、食品和医药领域的客户提供冷链运输服务。此外，还提供保价、代收货款等增值服务。

二、我国物流交通运输线路

（一）我国主要公路线

《国家公路网规划（2013—2030 年）》明确，国家高速公路网由"7 射、11 纵、18 横"（以下简称"71118"）等路线组成，总规模约 13.6 万公里；普通国道网由"12 射、47 纵、60 横"等路线组成，总规模约 26.5 万公里。经各方共同努力，截至 2021 年底，国家高速公路建成 12.4 万公里，基本覆盖地级行政中心；普通国道通车里程达到 25.8 万公里，基本覆盖县级及以上行政区和常年开通的边境口岸。

国家高速公路网由 7 条首都放射线、11 条北南纵线、18 条东西横线，以及 6 条地区环线、12 条都市圈环线、30 条城市绕城环线、31 条并行线、163 条联络线组成。

1. 首都放射线

北京—哈尔滨、北京—上海、北京—台北、北京—港澳、北京—昆明、北京—拉萨、北京—乌鲁木齐。

2. 北南纵线

鹤岗—大连、沈阳—海口、长春—深圳、济南—广州、大庆—广州、二连浩特—广州、呼和浩特—北海、包头—茂名、银川—百色、兰州—海口、银川—昆明。

3. 东西横线

绥芬河—满洲里、珲春—乌兰浩特、丹东—锡林浩特、荣成—乌海、青岛—银川、青岛—兰州、连云港—霍尔果斯、南京—洛阳、上海—西安、上海—成都、上海—重庆、杭州—瑞丽、上海—昆明、福州—银川、泉州—南宁、厦门—成都、汕头—昆明、广州—昆明。

4. 地区环线

辽中地区环线、杭州湾地区环线、成渝地区环线、珠江三角洲地区环线、首都地区环线、海南地区环线。

5. 都市圈环线

哈尔滨、长春、杭州、南京、郑州、武汉、长株潭、西安、重庆、成都、济南、合肥。

图1-1是被称为"云端上的高速公路"——雅西高速公路，是国内外专家学者公认的国内乃至全世界自然环境最恶劣、工程难度最大、科技含量最高的山区高速公路之一。

图1-1 "云端上的高速公路"——雅西高速公路

（二）我国主要铁路线

2016年，国家发展改革委、交通运输部、中国铁路总公司联合发布了《中长期铁路网规划》，规划方案包括三个部分：

1. 高速铁路网

该规划提出构建新时期"八纵八横"高速铁路网。"八纵"通道为沿海通道、京沪通道、京港(台)通道、京哈–京港澳通道、呼南通道、京昆通道、包(银)海通道、兰(西)广通道;"八横"通道为绥满通道、京兰通道、青银通道、陆桥通道、沿江通道、沪昆通道、厦渝通道、广昆通道。

2. 普速铁路网

重点围绕扩大中西部路网覆盖,完善东部网络布局,提升既有路网质量,推进周边互联互通。具体规划方案:一是形成区际快捷大能力通道,包含12条跨区域、多径路、便捷化的大能力区际通道;二是面向"一带一路"国际通道,从西北、西南、东北三个方向推进我国与周边互联互通,完善口岸配套设施,强化沿海港口后方通道;三是促进脱贫攻坚和国土开发铁路,从扩大路网覆盖面,完善进出西藏、新疆通道和促进沿边开发开放三个方面提出了一批规划项目;四是强化铁路集疏运系统,规划建设地区开发性铁路以及疏港型、园区型等支线铁路,完善集疏运系统。

3. 综合交通枢纽

枢纽是铁路网的重要节点,为更好地发挥铁路网整体效能,配套点线能力,该规划提出按照"客内货外"的原则,进一步优化铁路客、货运枢纽布局,形成系统配套、一体便捷、站城融合的现代化综合交通枢纽,实现客运换乘"零距离"、物流衔接"无缝化"、运输服务"一体化"。

我国主要铁路线分布如图1-2所示。

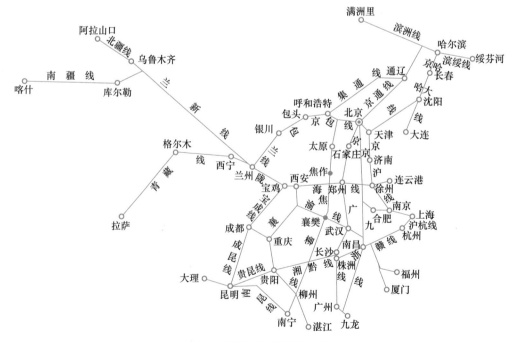

图1-2 我国主要铁路线分布

（三）我国主要海运线

港口是水路运输的基地。我国现有秦皇岛、天津、大连、青岛、连云港、上海、宁波、厦门、台湾、广州、湛江、香港等大型海港。

1. 渤海

秦皇岛港，河北。连接铁路京哈线、京秦线、大秦线。冬季不冻，煤炭和石油出口港，吞吐量居全国第二位。

天津新港，天津。连接铁路京哈线、京沪线。首都的海上门户，有集装箱码头。

2. 黄海

大连港，辽宁。连接铁路沈大线。冬季不冻，东北地区的海上门户，吞吐量居全国前列，有集装箱码头。

青岛港，山东。连接铁路胶济线。我国优良海港之一，有石油专用港和集装箱码头。

连云港港，江苏。连接铁路陇海线。煤炭出口港，"亚欧第二大陆桥"的起点。

上海港，上海。连接铁路京沪线、沪杭线。我国最大海港，吞吐量居全国首位，有集装箱码头。

3. 东海

宁波港，浙江。连接铁路杭甬线（萧山—北仑港）。全国最大铁矿石中转码头。

厦门港，福建。连接铁路鹰厦线。东南沿海重要港口，与台湾省联系密切。

高雄港，台湾。连接环台铁路。台湾省最大海港，有集装箱码头。

基隆港，台湾。连接环台铁路。台湾省第二大港。

4. 南海

广州黄埔港，广东。连接铁路京广线、广深线。位于珠江岸边，有集装箱码头，吞吐量居全国前列。

湛江港，广东。连接铁路黎湛线。新中国自行设计和建造的第一个现代化港口，西南地区海上门户。

香港港，香港特别行政区。连接铁路京九线。港阔水深，不淤不冻，有世界最大的集装箱码头。

（四）我国主要航空线

干线航线是指连接北京和各省会、直辖市或自治区首府或各省、自治区所属城市之间的航线，如北京—上海航线、上海—南京航线、青岛—深圳航线等。

支线航线则是指一个省或自治区之内的各城市之间的航线。

民航运输所使用的航线是空军指定的，报批国务院和中央军委通过的，是固定的。

民航通常会使用航路，所谓航路是指国家统一划定的具有一定宽度的空中通道。一般有较完善的通信、导航设备，宽度通常为20公里。划定航路的目的是维护空中交通秩序，提高空间利用率，保证飞行安全。

我国的主要国内航线包括以北京、上海、广州、成都、武汉、西安等大中型机场为中心的辐射航线，如图 1-3 所示。

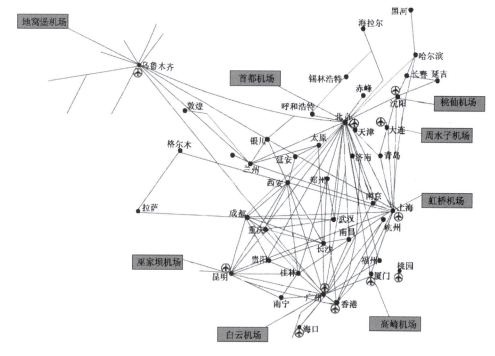

图 1-3　国内主要航运线分布

职业判断与业务操作

一、认识物流企业的组织机构图

物流企业组织机构示例如图 1-4 所示。

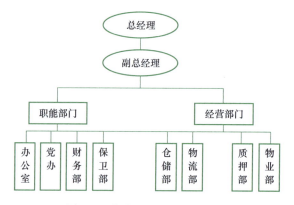

图 1-4　物流企业组织机构示例

二、各岗位职责分析

1. 总经理/副总经理

根据企业战略目标，制定企业物流发展战略，提出物流系统规划方案、经营方针和经营形式，确定发展侧重点；适当调整业务规划构建和物流组织结构；负责对工作制度、管理制度和规章制度执行情况进行监督和检查；对重大突发事件组织处理；制定业务成本管理控制办法并进行安全管理工作。

2. 财务部（财务经理）

了解销售市场状况；领导公司财务管理、成本预算管理、会计核算管理等工作；掌握公司财务状况、经营成果和资金流动情况，及时向总经理汇报工作；组织执行国家有关财经法律法规、方针政策和制度，维护股东权益；做好财务系统各项行政处理工作，提高工作效能，增强团队精神。

3. 仓储部（仓储经理）

全面负责仓储部的管理工作，协调仓储部和内外部接口的关系，制订和执行仓储工作计划，完善仓库管理及外部仓库管理各项作业规范及流程，提高内部运作效率，有效降低仓储总成本；负责根据实际运作情况，对公司仓库管理体系进行相应规划、建立和完善，实现公司库存管理系统的优化；负责科学规划并调整仓储材料和成品的库存和库位，提出改进方案，合理利用仓库空间，保证仓库最大化的使用率。

4. 物流部（物流经理）

全面负责物流日常事务管理工作；负责组织、监督车辆安全管理；负责车辆信息化管理数据分析并进行决策；负责运输结算和车辆运营效益管理。

5. 质押部（质押监管人员）

认真核对项目库存数量，确保数量和合同约定一致；负责质押物出入库现场计量和检查，按台账确保一致；做好库区日常巡查并记录情况；做好日常监管及特殊事项监管工作，严格做好各项风险控制。

6. 物业部（物业岗位）

负责项目消防安全工作、车辆动态监管和疏导工作；负责项目经营过程中的纠纷协调工作；负责项目广告监控工作。

7. 保卫部（保卫部经理）

负责制定安全保卫管理制度、规定；组织编制公司管理控制规章以及监督实施；组织开展部门风险管理和持续安全检查、监控部门的安全状况，落实风险控制措施。

思考与练习题

如果你有机会建立自己的物流企业，请你初创一家企业，并构思基本的资源与发展规划。

企业名称			注：已创建　　年	
所属行业				
目前市场		未来市场		
主要客户		客户满意度		
生产设施及运行状况		未来设备的投资方向		
股东期望	1. 2. 3.			
综合费用有哪些				

任务二　认识物流沙盘

任务目标

- 了解沙盘教学模式。
- 了解物流沙盘教具。
- 熟悉电子沙盘和沙盘模型的对应关系。

任务介绍

为了模拟一家物流企业运营，我们需要掌握沙盘中使用的各种教具，模拟教学过程中用到的汽车、火车、轮船、飞机、运输地图、资金等用 PVC 教材制作的模拟教具表示，以达到模拟真实化操作的目的。

任务分析

我们运营一个第三方物流企业，首先要掌握物流企业中所用到的各种运输工具的情况，了解这些运输工具的特点，这将有助于我们合理调用各种资源，配置已有设备，高效地经营一家物流公司。

知识准备

一、沙盘的概念

本书以模拟沙盘为主要教学手段，以模拟现实的方法对所有学生进行实训。模拟沙盘由来已久，沙盘最初是根据地形图或实地地形，按一定的比例尺用泥沙、兵棋等各种材料堆制而成的模型，在军事上常供研究地形、敌情、作战方案、组织协调动作和实施训练时使用。沙盘在我国已有悠久的历史，据《后汉书·马援列传》记载，公元 32 年，汉光武帝征讨陇西的隗嚣，召名将马援商讨进军战略。马援对陇西一带的地理情况很熟悉，就用米堆成一个与实地地形相似的模型，从战术上做了详尽的分析。光武帝刘秀看后，高兴地说："敌人尽在我的眼中了！"这就是最早的沙盘作业。

1811年，普鲁士国王腓特烈·威廉三世的文职军事顾问冯·莱斯维茨用胶泥制作了一个精巧的战场模型，用颜色把道路、河流、村庄和树林表示出来，用小瓷块代表军队和武器，陈列在波茨坦皇宫里，用来进行军事游戏。后来，莱斯维茨的儿子利用沙盘、地图表示地形地貌，以算时器表示军队和武器的配置情况，按照实战方式进行策略谋划。这种"战争博弈"就是现代沙盘作业。

二、企业沙盘模拟

19世纪末和20年代初，沙盘主要用于军事训练，第一次世界大战后，才在实际中得到运用。企业沙盘模拟培训源自西方军事上的战争沙盘模拟推演。战争沙盘模拟推演通过红、蓝两军在战场上的对抗与较量，发现双方战略战术上存在的问题，从而提高指挥员的作战能力。英、美知名商学院和管理咨询机构很快意识到这种方法同样适合企业对中、高层经理的培养和锻炼，随即对军事沙盘模拟推演进行广泛的借鉴与研究，最终开发出了企业沙盘模拟培训这一新型现代培训模式。企业沙盘模拟培训一经面世，就以其独特新颖的培训形式、深刻实用的培训效果，受到国际企业高层管理人员和培训专家的青睐。目前，沙盘模拟培训已成为大多数世界500强企业中高层管理人员经营管理培训的主选课程。国内接受过沙盘训练的优秀企业也已超过6000余家。

另外，沙盘教学模式引入中国后，已被广大院校纳入教学之中。物流沙盘模拟培训课程完全不同于传统的灌输式授课方式，而是一种体验式的互动学习方式，把学生分成多个小组，每组5～6人，组成一家第三方物流企业，学生分别担当不同的角色，有总裁、营销总监、财务总监、财务助理、运输调度、仓库保管等，连续经营数个会计年度，由于各组学生决策不一样，每年的经营结果也就不一样，有的企业越做越好，有的企业可能面临破产，教师根据学生的经营结果进行点评和分析。通过这种模拟训练，使受训者在分析市场、制定战略、营销策划、选址建仓、运输调度、财务管理等一系列活动中，领悟科学的管理和经营规律，提升团队合作能力、与人沟通能力、问题分析能力和综合管理能力。综上所述，企业沙盘模拟培训具有极强的体验性、互动性、实战性、竞争性、综合性、有效性等特点。

三、物流沙盘

物流沙盘是指以信息技术为主，以物流实地模型为辅，对企业物流的实际运作进行模拟实战。通过物流沙盘可以展示和表达物流的概念、设备、设施等。通过沙盘模型可以直观地展示各种运输工具、机场、车站、港口、公路等仓储、运输设施。通过沙盘还可以宏观地看到与物流有关的信息流和资金流。除了展示功能外，物流沙盘还有一个重要的沙盘推演功能，即在沙盘上模拟表示和标识各个对抗团队的最新情况。各团队可根据最新情况选择行动方案。在沙盘上可以直观地看到参与竞争的各个企业的库存水平、设备情况、现金流量等企业经营情况。通过物流沙盘教学工具的使用，学员更能深刻体会到企业运营中的管理理论和技巧。

（一）物流沙盘教具概况

物流企业模拟课程需要的沙盘盘面如图 1-5 所示，它是对现实第三方物流企业的形象模拟。盘面的布局主要体现在分区上，盘面自上而下分别反映的是资金流、物流运作的全过程。

物流包括货物运输合同签订、派车提货、货物分拣、线路选择、装车发货、货物送达等整个供应链的业务流程；资金流包括反映资金流入的银行贷款和民间融资引起的现金增加、应收账款的不断到账等业务引起的现金增加，反映资金流出的应付账款的到期支付引起的现金减少，以及市场开拓、相关认证、日常行政管理费、设备投资、广告、租金、利息、贴现、税金等支付引起的现金减少等。

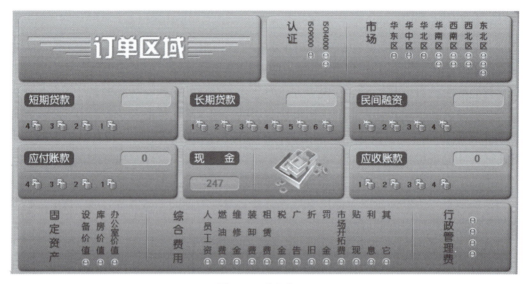

图 1-5　沙盘盘面

沙盘使用的模拟钱币代表企业经营所需的资金；模拟过程中用到的汽车、火车、轮船、飞机、库房等用 PVC 材料制作的模拟教具表示；空桶既是放置模拟钱币的器具，又可用作其他用途，如表示贷款信息等，如图 1-6 所示。

图 1-6　模拟钱币、模拟教具、空桶

（二）物流沙盘教具功能与作用

1. 钱币及空桶

在物流沙盘教学过程中，我们把一个 PVC 材料制作的圆形物称为钱币，一个钱币代表 1M 资金量，在模拟沙盘训练过程中将其作为物流企业资金，可用于支付物流运营过程中所产生的费用。物流企业沙盘训练中规定，每一个企业设立时都会给予启动资金 100M。与钱币配合使用的是空桶，其功能是存放钱币。

2. 轮船

物流沙盘中，轮船即代表货物是通过水路运输而完成。轮船教具通过各项基本参数来界定，以区别于其他运输工具。轮船的基本参数请参阅表 1-1。

表 1-1 运输工具的基本参数表

工具类型	速度 (kkm/w)	载重 (kkg)	体积 (m³)	使用年限 (年)	购买价格 (M)	租赁价格 (M/季度)	变卖价格 (M)	维修费用 (M/季度)	燃油费用 (M/kkm)	装卸费用 (M)
飞机	10	5	5	20	200	2	40	4	1	1
火车	4	80	80	20	150	8	30	3	1	1
小型汽车	2	5	20	20	8	2	4	1	1	1
中型汽车	2	15	50	20	12	3	6	1	1	1
大型汽车	2	35	80	20	16	5	8	1	1	1
轮船	1	80	80	20	150	5	30	2	1	1

3. 飞机

在沙盘软件中，飞机用于运输体积小、重量轻的货物，具体参数见表 1-1。这和实际空运特点也相符。航空运输的优点是速度快、机动性大、舒适、安全、基本建设周期短、投资小。但是航空运输也存在飞机机舱容积和载重量都比较小、运载成本和运价比地面运输高的缺点，而且飞行受气象条件限制，影响其正常运行和准点性。此外，航空运输速度快的优点在短途运输中难以充分发挥。因此，航空运输适用于 500km 以上的长途客运，以及时间性强的鲜活易腐和价值高的货物的中长途运输，这在沙盘软件中都有所体现。

4. 货车

沙盘软件中的货车主要按其载重量分为大、中、小型公路汽车，具体参数见表 1-1。公路运输特点是机动灵活、适应性强，可实现"门到门"直达运输。在中、短途运输中，货车运送速度较快、原始投资少、资金周转快、掌握车辆驾驶技术较容易，但运量较小、运输成本较高、运行持续性较差、安全性较低，这在沙盘软件中均有所体现。

5. 火车

沙盘软件中的火车是指铁路运输，具体参数见表 1-1。铁路主要适用于远距离、大宗客货运输。其优点是运输能力大、价廉、不易受气候影响、计划性强、安全、准时等；缺点是始建投资大、建设时间长、灵活性差、不易转让等。

职业判断与业务操作

一、经营建议

在物流企业沙盘运营过程中，对各种运载工具的合理选择至关重要。要分清货物 P1、P2、P3、P4 分别适合哪种运载工具运输，结合利润进行路线选择，达到最优运输。

在沙盘软件中，P1 是体积小、重量轻的货物，一般适合空运，因此选择飞机作为运载工具进行运输；P2 是体积大、重量轻的货物，一般适合公路运输，因此一般选择货车作为运载工具进行运输；P4 是体积大、重量重的货物，一般适合铁路与水路运输，一般选择火

○ 本书中引用沙盘软件中的数据及其单位均为虚拟。

车与轮船作为运载工具；P3 介于 P2 与 P4 之间。需要特别提醒的是，运输周期短的货物不适宜水路运输。这在沙盘软件中体现得非常明显，如天津到南京或杭州的货物，如果货运周期在 8 周以内，其运输将无法按时运抵，必将造成违约。

二、案例分析

以上海的订单为例，如图 1–7 所示。上海有发往北京、天津、石家庄、太原、武汉、西安、乌鲁木齐市的货物，那么在运输工具上需做出合理选择。发往武汉、西安既能用货车又可用火车运输，但是综合考虑，发往乌鲁木齐市的货物，选择火车运输的运输成本最低；而发往北京、天津、石家庄、太原的货物则可以先通过火车运输，再通过货车运输实现交货任务，这也是多式联运中的公铁联运。

未交货订单　已交货订单

订单号	签约年	签约季度	限...	发货城市	到达...	运费(M)	总体积(m3)	总重量(kkg)	数量	托运公司	托运产品	支付方式	计量单位
1030360	1	3	8	上海市	北京	13	20	10	2	上海塑料	P4	到付	件
1030360	1	3	5	上海市	北京	7	5	8	1	上海汽车	P5	预付	件
1030360	1	3	6	上海市	石家庄	18	10	4	2	上海轻工	P2	回付	件
1030360	1	3	8	上海市	石家庄	18	4	10	2	上海物资	P3	预付	件
1030360	1	3	12	上海市	石家庄	18	20	10	2	上海塑料	P4	预付	件
1030360	1	3	12	上海市	太原市	22	10	4	2	上海轻工	P2	预付	件
1030360	1	3	7	上海市	太原市	22	4	10	2	上海物资	P3	到付	件
1030360	1	3	12	上海市	太原市	22	20	10	2	上海塑料	P4	预付	件
1030360	1	3	12	上海市	天津市	16	10	4	2	上海轻工	P2	预付	件
1030360	1	3	10	上海市	天津市	15	4	10	2	上海物资	P3	预付	件
1030360	1	3	12	上海市	天津市	15	20	10	2	上海塑料	P4	回付	件
1030360	1	3	12	上海市	天津市	7	5	8	1	上海汽车	P5	预付	件
1030360	1	3	10	上海市	乌鲁木齐市	26	2	2	2	上海科技	P1	回付	件
1030360	1	3	12	上海市	武汉市	10	10	4	2	上海轻工	P2	到付	件
1030360	1	3	6	上海市	武汉市	10	4	10	2	上海物资	P3	预付	件
1030360	1	3	7	上海市	武汉市	10	20	10	2	上海塑料	P4	回付	件
1030360	1	3	4	上海市	武汉市	5	5	8	1	上海汽车	P5	预付	件
1030360	1	3	10	上海市	西安市	18	10	4	2	上海轻工	P2	回付	件
1030360	1	3	12	上海市	西安市	18	4	10	2	上海物资	P3	到付	件
1030360	1	3	8	上海市	西安市	18	20	10	2	上海塑料	P4	回付	件
1030360	1	3	12	上海市	西安市	9	5	8	1	上海汽车	P5	预付	件
24						357.00	228.00	180.00	44.00				

图 1–7　未交货订单图

思考与练习题

1. 你对运输方式有什么新认识？
2. 通过调研活动，你了解到运输工具都有哪些信息，填在表 1–2 中。

表 1–2　你能了解到的运输工具

工具类型	速度	载重	体积	使用年限	购买价格	租赁价格	变卖价格	维修费用	燃油费用	装卸费用
飞机										
火车										
小型汽车										
中型汽车										
大型汽车										
轮船										

3. 运输成本都包含哪些？

扩展阅读：畅通高效的物流基础设施建设彰显中国力量

物流连接社会生活的各个组成部分，是我国社会发展的经济动脉，为促进我国经济发展起到了至关重要的作用。近年来，在国家政策的大力支持下，我国的物流产业飞速发展，形成了"总体宏观布局、整体规划设计、强化基础设施建设、大力发展物流科技"的物流发展格局。

2021年8月10日，为推进商贸物流高质量发展，商务部、发改委等9部门联合制定了《商贸物流高质量发展专项行动计划（2021—2025年）》（以下简称《行动计划》）。《行动计划》明确指出，到2025年，初步建立畅通高效、协同共享、标准规范、智能绿色、融合开放的现代商贸物流体系，培育一批有品牌影响力和国际竞争力的商贸物流企业等。

一、国家宏观调控，布局物流枢纽

在国家宏观调控方面，国家充分利用社会主义制度的优势，将物流行业的发展上升到国家治理层面，大力推行物流枢纽建设。

2019年4月发布了《国家物流枢纽网络建设实施方案（2019—2020年）》，此次物流枢纽网络建设结合"一带一路"建设、京津冀协同发展、长江经济带发展、粤港澳大湾区建设、长三角一体化发展等进行了物流规划，并确定到2025年，国家总体布局建设150个左右国家级物流枢纽，推动全社会物流总费用与GDP的比率下降至12%左右；到2035年基本形成与现代化经济体系相适应的国家物流枢纽网络，全社会物流总费用与GDP的比率继续显著下降，物流运行效率和效益达到国际先进水平。目前，我们已经实现了第一个阶段的目标，正在朝着2025的目标前进。

2021年7月，国家再次发力，发布了《国家物流枢纽网络建设实施方案（2021—2025年）》（以下简称《方案》），这一方案以高质量发展"十四五"目标为契机，以打造"通道+枢纽+网络"的现代物流体系为基础，是支持构建以国内大循环为主体、国内国际双循环相互促进的新发展格局的重要举措。国家将致力于打造"轴辐式"物流服务体系，稳步推进约120个国家物流枢纽布局建设；支持城市群内国家物流枢纽共建共享共用和一体化衔接，强化都市圈物流网点体系与国家物流枢纽网络的有机衔接、协同联动。

2020—2035年中国物流枢纽布局和建设发展目标预测情况如图1-8所示。

图1-8　2020—2035年中国物流枢纽布局和建设发展目标预测情况

二、强化基础设施建设

改革开放以来，我国政府意识到国家经济的增长需要以物流基础设施为条件，"要想富、先修路"是改革开放初期的社会共识，因此在物流领域投入巨大的建设力度，同时道路、桥梁的建设在数量和质量上都得到了大幅提升，与发达国家的差距日渐缩小甚至实现超越。例如，截至2021年底，我国高铁运营里程突破4万公里，稳居世界第一。

2018年全国主要运输方式完成货运量515亿吨，货物周转量204 686亿吨公里，是1949年的275.3倍和793.8倍，年均分别增长8.5%和10.2%。2020年受新冠肺炎疫情影响，虽然货运量有所下降，但是依然达到了463亿吨，同比下降0.5%；2021年1月份，国内完成货运总量41.55亿吨，同比增长38.0%。我国已经成为世界上货运量最大的国家，其中公路运输占比74%，说明全国货运量以国内运输为主，充分体现了"以国内大循环为主体、国内国际双循环相互促进"的新发展格局。

1. 四通八达的交通运输网络，支撑起南来北往的繁忙物流

党的十八大以来，现代综合交通运输体系建设进入新阶段。我国构建的"五纵七横"的公路运输网络、"八纵八横"的铁路运输网络、"两横一纵两网十八线"的水路运输网络，以及四通八达的航空运输网络，为国民经济持续快速发展提供了强有力的支撑，我国也由"交通大国"逐步向"交通强国"迈进。

2. 量质齐升的先进设备，满足了与日俱增的货运需求

70多年来，我国铁路机车、民用汽车、民用飞机等交通设备保有量大幅提高。2019年，我国铁路机车共计2.2万辆，其中，内燃机车0.8万台，占36.9%；电力机车1.37万台，占63.0%。在发展运力的同时，努力做到节能减排；在数量激增的同时，各类设备不断创新，"复兴号""和谐号"等高速列车技术已经达到了世界先进水平。

3. 运输服务转型升级，提高货物流转效率

我国逐步形成了便捷、高效、智能的货物运输服务体系，一批国际领先的现代技术广泛应用，多式联运、无船承运、无车承运等货运组织形式快速发展。这些成果使物流效率得以大幅提高，为降低物流成本、改善营商环境，进而支撑实体经济发展做出突出贡献。总之，建设物流强国是一项系统工程，必须统筹推进、久久为功。

三、智慧交通与智慧物流

在基础设施建设中，随着5G时代的到来，物流的"新基建"行动正在开展，所谓"新基建"主要体现在智慧道路、智慧车辆、智慧仓储、智慧港口等全面智能化发展。

在智能道路方面，厦门走在了全国前列，到目前为止，厦门市已经在60公里的BRT（Bus Rapid Transit，快速公交系统）道路上进行智慧化改造，50台公交车已经实现智能网联，并经过上万公里的稳定性测试。通过积极开展"加快推动车联网和智慧路网建设"，即"基于C-V2X的智能网联车和车路协同应用试点"，将5G技术运用于道路与车辆的互联。在智慧道路上，有高精度地图和高精度定位服务，实现"绿波通行"、畅通无阻；智慧路口可实现

闯红灯预警、路口车速引导、路口盲区预警，这相当于给车辆提供了"上帝视角"；实现智能网联的 BRT 公交车，靠站时站台与车门的间隙可以控制在 1 厘米，且前后多车行驶时可自动保持安全距离，具备超视距防碰撞功能，还可做到精准调度和匀速驾驶，实现节能减排。

在智能港口方面，全国首个 5G 全场景应用智慧港口项目在厦门港远海码头启动运营，厦门港海润码头成为全国首个实施全智能化改造的传统集装箱码头。在智慧港口，桥吊、龙门吊远程操控，司机不仅无须再高空作业，同时还能一人操控多台设备——大部分工作，是由人工智能这一"大脑"完成。将智能化渗透进码头作业全流程，至少可以实现以下目标：避免人为因素影响，提高作业可靠性；系统资源统一优化调配，保证作业稳定，降低能源消耗；实现人机分离，提高安全性；减少码头定员，降低人工成本。

四、冷链物流

我国是世界上的农产品生产大国和消费大国，但"三农"领域的基础设施建设明显不足，尤其是在农产品冷链领域，强化冷链物流基础设施建设是"十四五"总体规划的重要组成部分。

目前我国冷链物流基础设施薄弱，传统的"四通一达"仅能提供某一领域的冷链服务，很难实现"门到门"的标准化服务，同时由于国内标准冷库量少，"四通一达"之间很难实现冷链物流资源共享，导致冷链物流成本较高，冷库需求缺口很大，冷链物流需求正处于上升阶段。

为此，国家积极筹划冷链物流的发展，提升冷链物流服务标准，加大对冷链物流的投入。2020 年全年，中央安排 50 亿元财政资金支持河北、山西等 16 个省（区、市）开展仓储保鲜冷链设施建设。到 2020 年 12 月底，支持超 9 000 个新型农业经营主体在农产品产区新建或改建 1.4 万个仓储保鲜冷链物流设施，农产品冷链规模超过 600 万吨。在"十四五"期间，每年投入 50 亿元资金补助建设农产品冷链物流设施。

项目二
组建团队　创建企业

任务一　模拟物流企业经营分析及岗位分工

任务目标

- 了解物流企业的经营。
- 熟悉物流沙盘企业中各岗位名称。
- 掌握物流沙盘企业中各岗位工作内容。

任务介绍

目前，我们拥有100M的创业资金，要建立一个第三方物流运输企业，总部设在北京。股东希望企业以北京为起点，面向全国，在未来的几年里面逐步做大做强，发展成为国内的知名物流企业。现在请组建团队，规划模拟物流企业的建设。

任务分析

我们要创建一个第三方物流企业，首先要建设公司组织结构，掌握经营规律，明确公司业务范围与公司各部门职责，并进一步确立每个工作岗位的职责。

知识准备

一、企业的经营

企业一般是指以营利为目的，运用各种生产要素（土地、劳动力、资本和技术等），向市场提供商品或服务，实行自主经营、自负盈亏、独立核算的具有法人资格的社会经济组织。而本书所指企业如无特别说明，均指物流企业。物流企业（Logistics Enterprise）是指至少从事运输（含运输代理、货物快递）或仓储一种经营业务，并能够按照客户物流需求对运输、存储、装卸、包装、流通加工、配送等基本功能进行组织和管理，具有与自身业务相适应的信息管理系统，实行独立核算、独立承担民事责任的经济组织。

二、企业经营分析

企业的经营情况主要从企业目前的财务状况和经营成果两方面反映，分别用资产负债表和损益表表示。资产负债表反映企业资产、负债、所有者权益的构成情况及其相互关系，即"资产＝负债＋所有者权益"的恒等关系，如中教畅享物流企业沙盘软件中初始创建物流企业时，企业资产（100M）＝负债（0M）＋所有者权益（100M）。资产负债表反映企业在某一特定日期的财务状况；损益表则是反映收入与费用相抵后确定的企业经营成果的会计报表，它是企业一段时间经济效益的综合体现。

通过资产负债表，可以了解企业所掌握的经济资源及其分布情况，了解企业的资本结构，分析、评价、预测企业的短期偿债能力和长期偿债能力，正确评估企业的经营业绩。

职业判断与业务操作

一、经营建议

从前面的任务介绍中可以看出，目前要创建一家第三方物流企业，首先需要在北京市场发展客户，获取利润，然后逐步开拓华东、华北、华南、西北等地区的市场，通过建立办事机构、库房，以及购买车辆等方式，不断开拓、优化自己的物流线路，扩大运输规模，采用现代化管理手段，努力提高生产效率，引导企业向良性健康的方向发展，把企业做大做强。

在创建企业之前，请先思考如下几个问题：如果要在现今社会创建一家企业要具备哪些硬件条件？哪些软件条件？如何盈利？弄清这些问题将有助您创建的企业在沙盘比赛中获胜。所谓硬件条件就是指企业的人员、办公室、仓库、运输工具；所谓软件条件就是指物流企业的资质，即法定的经营范围，如沙盘软件中没有花钱开拓 ISO9000，企业将无法承运 ISO9000 的运单，企业的经营范围将受到限制。初始时期（第一年第一季度），沙盘软件一般规定最少有一个初级经理、租一个简易办公室来完成企业的创建。

二、企业的岗位安排

沙盘模拟软件创建的物流企业岗位安排如图 2-1 所示。

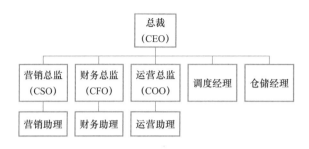

图 2-1 沙盘模拟软件创建的物流企业岗位安排

1. 总裁（CEO）

制定企业发展战略规划，带领团队共同决定企业决策，审核财务状况，听取企业盈利（亏损）状况。如果大家意见不一致，由 CEO 做出最终决定。每年制订全年计划，所有人可由 CEO 调动。

2. 营销总监（CSO）

开拓市场，稳定企业现有市场；积极拓展新市场销售管理，预测市场，制订销售计划；续约、竞标，并取得匹配的客户订单；沟通营运部门按时交货；负责监督运费的回收；监控竞争对手的情况、明确竞争对手的动向。

3. 财务总监（CFO）

筹集和管理资金；做好现金预算，管好用好资金；支付各项费用，核算成本；按时报送财务报表，做好财务分析。

4. 财务助理

日常现金收支管理，定期审核企业经营状况，核算企业经营成果，制定预算，对成本数据进行分类和分析。

5. 运营总监（COO）

负责企业运营管理工作，协调运输调度，控制运输成本，保持运输正常运行，确保及时交货；组织选址建仓，扩大企业运输能力，组织扩充改进运输设备。

6. 调度经理

编制并实施提货装车计划；负责车辆管理，合理选择并优化线路；制订合适的配货装车计划，随时跟踪监控运输过程，保证货物的及时送达。

7. 仓储经理

负责货物的出入库管理、库存盘点管理，货物分拣、货物调拨以及订单的合并和拆分。

思考与练习题

1. 模拟物流企业由哪些岗位构成？
2. 模拟物流企业的各个岗位都承担了什么职责？

任务二　创建模拟的第三方物流公司

任务目标

- 了解物流企业公司理念的树立。
- CEO 完成就职演讲工作。
- 了解财务报表。

任务介绍

物流沙盘训练开始需要创建第三方物流公司，了解公司业务和财务状况。通过这些相关知识的掌握，来开展物流沙盘训练的学习和实训活动。

任务分析

小组 CEO 需要组织同学完成就职演说工作，并且完成新公司的筹备和组建工作。初步了解企业在运行过程中涉及的财务报表，对未来的市场竞争做好准备与规划工作。

知识准备

一、为模拟企业命名，CEO 就职演说

首先，由 CEO 带领本企业所有员工召开第一次会议，为公司命名。恰当的名称可以直接体现公司文化、价值取向等，所以要选择那些可以吸引客户眼球，并可以从中轻易地理解到你所销售的产品和服务的公司名称。下面给几点提示，仅供参考：不要刻意修饰公司的名称，尽量让其简单明了；尽量让公司名称读起来很流畅，不要用一些生字、难字，让人根本读不出来；名称要简短、好记；其字义的意境优美，符合公司形象。

其次，每个模拟企业的 CEO 要发表就职演说，表明态度，鼓舞士气；向其他企业介

绍自己的团队成员；用简短的语句总结出企业的宣传口号；让团队成员相互熟识和做初步了解。

二、物流电子沙盘登录

在进行本门课程训练之前，我们先学习物流电子沙盘的简单操作。首先，在学校实训机房的电脑界面上会有■图标，请左键双击它，或者右键选中打开。一切正常情况下会弹出如图2-2所示的登录界面。

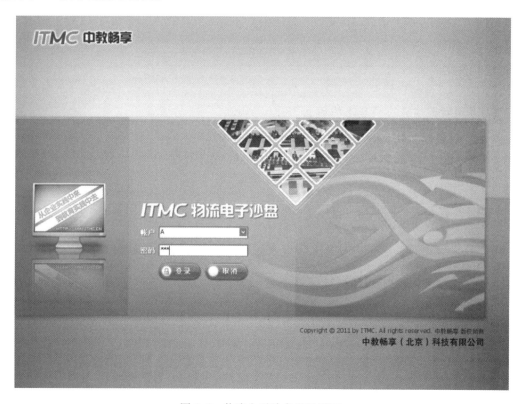

图2-2　物流电子沙盘登录界面

登录账户分别为A、B、C、D、E、F、G、H、I、J、K、L。可根据教师安排选择自己团队的账户。

登录密码为对应组英文字母的三个英文字母。如A组的登录密码为AAA。至此，点击登录键■■，即完成物流电子沙盘登录任务。

登录完成后，会弹出如图2-3所示的注册界面。这时需要把自己物流公司的名称填写上去。本书中将公司命名为"中海物流"。点击下一步，即进入如图2-4所示的角色界面。

图2-4中有公司总裁（CEO）、公司营销总监（CSO）、公司运营总监（COO）和公司财务总监（CFO）四种角色。

本书将以CEO身份进入公司经营，对公司经营全程负责，并结合实例进行操作分析。相关内容将在以后任务中介绍。

图 2-3　注册公司名称界面

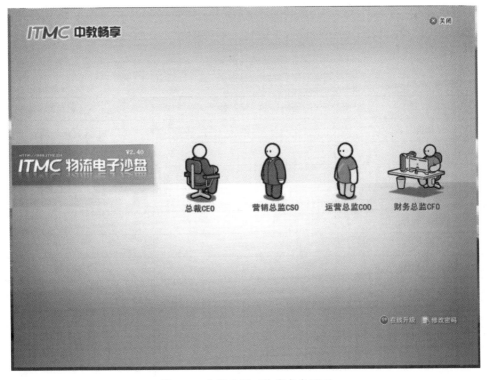

图 2-4　物流公司工作岗角色界面

三、模拟企业财务报表

在课程中,对资产负债表中的项目进行了简化,形成如表 2-1 所示的简易结构。

表 2-1 资产负债表

(编报单位:M)

资　产	期　末　数	负债和所有者权益	期　末　数
固定资产:		负债:	
土地和建筑(含在建工程)	0	长期负债	0
机器和设备	0	短期负债	0
总固定资产	0	应付款	0
		应交税	0
		总负债	0
		权益:	
流动资产:		股东资本	100
现金	100	利润留存	0
应收款	0	年度净利	0
总流动资产	100	所有者权益	100
总资产	100	负债加权益	100

在课程中,对利润表中的项目进行了简化,形成如表 2-2 所示的简易结构。

表 2-2 利润表

(编报单位:M)

项　目	本　期　数	对应利润表项目
销售	0	主营业务收入
直接成本	0	主营业务成本
毛利	0	主营业务利润
综合费用	0	营业费用、管理费用
折旧前利润	0	营业利润
折旧	0	
支付利息前利润	0	财务费用
财务收入/支出	0	营业外收入/支出
额外收入/支出	0	营业外支出
税前利润	0	利润总额
所得税	0	所得税
净利润	0	净利润

项目二 组建团队 创建企业

思考与练习题

1. 你的就职宣言是什么?
2. 你对你的团队成员了解多少?你是否有他们的联系方式?
3. 通过调研活动,你了解到公司的哪些信息?填在表 2-3 中。

表 2-3 你所了解到的公司信息

企业名称			注:已创建 年
所属行业			
目前市场		未来市场	
主要客户		客户满意度	
运营状况		未来企业开拓的市场领域	
股东期望	1. 2. 3.		

4. 综合费用包含哪些?

扩展阅读:协同共享的物流发展理念,弘扬中国传统美德

目前全球处于互联网时代的大背景下,信息数据大爆炸,商业步伐越来越快,各行各业迎来了转型变革之路。我国物流业处于增速放缓的新常态,机遇与挑战并存,我们仍然面临一些亟待解决的问题,比如资源浪费、环境污染问题等。在经济新常态下共享经济的发展为我国物流业提供了良好的转型升级的契机。

一、服务网点共享,增进民生福祉

我国科技不断进步,电子商务蓬勃发展,老百姓的生活也越来越便利,但由于全国网民地域分散,城乡"最后一公里"配送的效率和服务满意度有待提升,这成为老百姓关心的社会问题,也是各物流公司亟待解决的难题,为此党中央积极号召各快递公司通力协作、资源共享,携手建立新的"最后一公里"物流体系。

在解决"最后一公里"问题中,各家快递公司分别进行资源整合,将终端物流基础设施合并共享,其中最为典型的就是丰巢和速递易,这些终端设施按照村级建制放置,缩短了客户与网点的距离,用户可以任意时间收发快件,提升了消费者物流满意度。同时,物流服务商还成立了以菜鸟为代表的综合服务网点,在不具备快递箱的城乡,统一配备综合收发服务网点,任何快递公司的快件都可以整合到这个综合网点,提升了服务水平;同时,也提高了一部分农村居民的收入。共享服务网点的建设是立足中国国情建立起来的,以解决老百姓问题为出发点的物流服务模式创新,具有典型的中国特色。

二、共同配送共享，致力节能减排

商务部大力推进共同配送业务，即多家客户通过统一的第三方物流公司共同完成配送业务，可以提高车辆的满载率，并通过路线优化节约成本，是典型的共享思维，目前比较常见的共同配送模式包括统仓统配模式、循环取货直配模式、循环取货共配模式、集货+集仓统一配送模式、分阶段JIT集货共配模式、社区集货+分区域循环共配模式、多工厂集货共配模式、智慧集货共配模式等。

在国家大举推进共同配送的环境下，随着智慧物流的发展，共同配送业务通过互联网、大数据、GPS、GIS等技术不断优化配送路线，提升配送效率，随机共配，通过共同配送减少了末端配送的运载量，节省了物流成本，降低了碳排放量。共同配送业务是立足国家节能减排战略的重要举措。

三、信息资源共享，企业合作与诚信的考验

无论是上述的共同配送，还是基于"最后一公里"的资源共享，都需要物流各节点的协作与配合，共享经济的基础是互联网基础上的信息共享，例如快递行业的包裹信息与电子商务的消费者信息就需要物流公司与电商公司进行信息对接，因此需要企业之间的合作和信任。2017年顺丰公司与淘宝公司的纠纷就是因缺乏合作信任所导致，这对于物流、商家、消费者都有不同程度的损失。诚信是中华民族的传统美德，需要我们去传承。

四、基础设施共享，坚决杜绝浪费

物流基础设施的共享是物流业共享模式最早的表现形式，也是共享物流创新式发展的基础。其内容包括云仓共享、装备共享、运力共享。

（1）"云仓"可谓是仓储资源共享的最佳表现。其共享的主要内容，一是用户数据，二是仓储设备及空间资源。通过建立云仓，借助大数据的技术来分析不同区域人们对不同品类商品的需求情况，来更好地预测市场需求情况，进而提高仓储配送的反应速度。

（2）技术装备的共享在提高设备利用率的同时，也同时促进了物流金融和绿色物流的发展。目前国内在技术装备共享方面，以托盘的循环共用系统建设和叉车租赁业务的发展最为突出。

（3）运力共享则是公路货运向深度共享和智慧共享方向发展的体现。首先，通过公路货运O2O实现运力整合与共享，解决了日常物流服务场景中"找车难"和"找货难"的问题，使运力资源深度共享。其次，在行业内，有一批本身起步于公路货运行业的公司，利用先进的信息化技术和全新的管理运营模式对公路货运进行整合共享。第三，小规模运输公司建立联盟，通过资源共享、信息贡献突破自身业务壁垒。第四，不断开拓共享高铁货运模式。从2015年开始，快递公司与高铁客运线路合作，利用闲置的客运资源为快递公司提供快运服务，让"双十一"包裹坐上了高铁，一度成为社会热点新闻，这就是典型的高铁客运与物流快递的跨界共享模式。

基础设施的共享是最大限度地利用设施设备，防止空载、闲置，杜绝浪费。

除此之外，还有不断创新的众包物流共享等新型业务模式，总之，不论是基于节能减排的共同配送，还是基于资源浪费的设备共享，共享物流的根本是致力于国家物流高质量发展；而共享物流得以顺利发展依赖于统一的物流标准，依赖于共享各方的诚信合作，依赖于为人民谋幸福的初心。

项目三
掌握规则　学会操作

任务一　企业经营规则及操作介绍

任务目标

- 掌握物流沙盘的使用规则。
- 掌握物流沙盘的操作流程。
- 熟悉物流沙盘的评分标准。

任务介绍

在我们模拟第三方物流企业正式开始运营之前,有必要对物流企业沙盘的经营规则、操作流程和评分标准进行学习,充分理解和掌握物流企业进行市场划分、市场开拓、市场营销、财务管理、仓库和运输工具购买等方面的规则和软件操作方法,理顺业务流程,这是团队经营取得胜利的基础工作。

任务分析

我们主要从市场、企业运营两大方面来学习各项规则,其中针对市场划分、市场开拓、营销活动等制定了市场规则,针对固定资产交易、营运活动、融资活动、费用支付等制定了企业经营规则。

知识准备

一、市场营销规则

1. 选择投标城市/制定投标计划

通过市场预测分析图（见图 3-1），可以看到每个城市的需求量。根据市场预测情况，每个季度企业要决定计划投标的城市，只有设立办事处（购买或租赁办公室）的城市才能选择制订投标计划。每选择投标一个城市，需要支付 1M 的竞标费用。各组可以从订单竞标结果分析确定差异化经营战略，避免和其他组在相同城市进行激烈的运价竞争，在竞争者少的城市可以获得较高的运费收入。

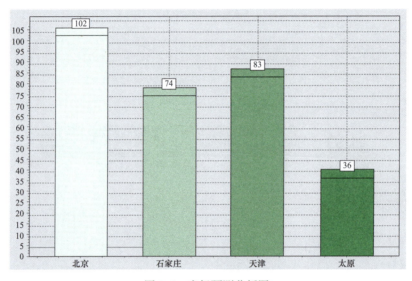

图 3-1　市场预测分析图

投标城市的开放时间如表 3-1 所示。

表 3-1　投标城市开放时间安排

时间	开放城市						
	华东区	华南区	华中区	华北区	西南区	西北区	东北区
第1年第1季度				北京			
第1年第2季度	上海		郑州	天津			
第1年第3季度	济南		南昌	石家庄			
第1年第4季度	杭州		长沙	太原			
第2年第1季度	南京		武汉	呼和浩特			
第2年第2季度	合肥	广州			重庆	兰州	
第2年第3季度		福州			成都	西安	
第2年第4季度		南宁			昆明	西宁	
第3年第1季度		全开放			全开放	全开放	全开放

2. 参加订单竞标

物流企业可以通过两种方式获取订单：一是直接进行合同续签；二是公开招标。

合同续签：物流企业与托运公司在前期建立了良好的合作关系，可以进行合同续约，不需要公开招标。若一家托运公司与多家物流企业合作，则物流企业与该托运公司关系值（计算规则为：物流企业为某托运公司运输的订单张数）最高者获得此合同续约。若关系值相同，则看总信誉度（计算规则为：企业每运输1张订单，信誉度加1；每违约1张订单，信誉度减2）。若信誉度也相同，则比较建立合作关系的先后顺序。

公开招标：根据订单的参考运费价格，各企业进行投标，价格最低者中标。投标运费价格上限不能超过参考运价的30%，相同投标价的，看该企业员工在该城市的总业务能力（计算规则为：业务经理人数乘以其业务能力的总和），能力高者中标。如果总业务能力相同，看企业总信誉度；若企业总信誉度也相同，看上个季度营业额；若上个季度营业额仍然相同，则谁先提交投标方案，谁优先选单。

企业在某个城市能够竞投的订单数量，与其在该城市的综合评价分有关，企业综合评分需高于该城市订单所要求的企业综合评分。企业在某个城市综合评价得分计算规则：企业总信誉度占40%，本企业上季度在本城市运输额占所有企业总运输额比例×100取整占30%，本企业在该城市销售人员业务能力占该城市总业务能力比例×100取整占30%。该数值可以在经营分析中的企业基本信息中查看。

3. 市场开拓和品牌建设

市场开拓：区域开拓完毕之后，才能在该区域的城市设立办事处，才能获得订单。

市场开拓在每季度的季度末进行，每季度只能进行一次，不能加速开拓。市场开拓不要求每季度连续投入，在资金短缺的情况下可以停止对该市场的投入，但已经付出的投入不能收回；如果在停止开拓一段时间后想继续开拓该市场，可以在以前投入的基础上继续投入。所有市场可以一次性全部开拓，也可以选择部分市场进行开拓。

该市场完全开拓完成后，下一季度才能在该市场的城市里制订投标计划。各市场开拓的时间及投入如表3-2所示。

表 3-2 市场开拓时间及投入表

市场	华东区	华南区	华中区	华北区	西南区	西北区	东北区
开拓时间	1个季度	2个季度	1个季度	1个季度	2个季度	2个季度	3个季度
开拓投入	8M/季度	5M/季度	8M/季度	5M/季度	5M/季度	5M/季度	3M/季度

品牌建设：有些市场订单要求企业必须通过相关认证（ISO9000、ISO14000）才能获取，企业通过ISO认证后才能获得市场上要求认证的订单。沙盘中企业市场ISO认证标志和ISO认证投入如图3-2、表3-3所示。

图 3-2 沙盘中企业市场 ISO 认证标志

表 3-3 ISO 认证投入

认证项目	ISO 9000	ISO1 4000
时间	1 年	2 年
投资	5 M	10 M

二、企业营运规则

1. 购买 / 租赁办公室

某个地区市场开发后，才能在该地区的城市设立办事机构（购买 / 租赁办公室）。购买 / 租赁办公室费用如表 3-4 所示。

表 3-4 购买 / 租赁办公室费用表

办公室类别	标准面积（m²）	配员（人）	购买价格（M）	租赁价格（M/ 季度）	维修费用（M/ 年）	变卖价格（M）
简易办公室	50	1	20	2	1	10
普通办公室	100	2	50	5	1	26
豪华办公室	500	5	120	10	2	70

购买：购买采用分期付款方式，第 1 个季度首付 20%，其余的分 3 个季度付款，第 2、第 3 季度付款金额是（购买价 – 购买价 ×20%）/3 取整，最后 1 个季度付清剩余金额。

租赁：每个季度都必须进行续约，并支付相应租金；退租必须在该城市当前没有订单，或者该城市有 1 个以上的办公室，可保留 1 个办公室，其余的可以退租。退租办公室时的工资计算规则是，第 1 周退租的当季度不计算工作人员工资，其他时间退租都需要支付工资。

变卖：本季度在该城市没有订单，则办公室可以变卖，或者本季度虽然该城市有订单，但有 1 个以上的办公室，保留 1 个办公室，其余的可以变卖。变卖后的金额有 2 个季度的应收款账期，2 个季度后才能变现。变卖办公室时的工资计算规则是，第 1 周变卖的当季度不计算工作人员工资，其他时间变卖都需要支付工资。

注意：购买 / 租赁办公室时，要选择相应建设的城市和不同级别的办公人员。

2. 人员招聘

根据购买或租赁办公室的规模，可以进行人员配置，业务人员的能力可以提升企业在该城市获取订单的能力。

3. 购买 / 租赁仓库

有办事机构（购买 / 租赁办公室）的城市，才能购买或者租赁仓库，购买或者租赁仓库后，才能进行派车提货或者货物中转。购买或租赁仓库的费用如表 3-5 所示。

表 3-5 购买 / 租赁仓库价格表

仓库类别	标准体积（m³）	购买价格（M）	租赁价格（M/ 季度）	维修费用（M/ 年）	变卖价格（M）
小型标准仓库	100	10	1	1	5
中型标准仓库	200	20	2	2	12
大型标准仓库	400	40	4	4	24

购买：购买采用分期付款方式，第 1 个季度首付 20%，其余的分 3 个季度付款，第 2、第 3 季度付款金额是（购买价 – 购买价 ×20%）/3 取整，最后 1 个季度付清剩余金额。

租赁：每个季度都必须进行续约，并支付相应租金；退租必须保证库存为空才能退租。退租仓库时的工资计算规则是，第 1 周退租的当季度不计算工作人员工资，其他时间退租都需要支付工资。

变卖：空闲的仓库才能进行变卖。变卖后的金额有 2 个季度的应收款账期，2 个季度后才能变现。变卖仓库时的工资计算规则是，第 1 周变卖的当季度不计算工作人员工资，其他时间变卖都需要支付工资。

4. 购买 / 租赁运输工具

根据订单产品的类型，确定购买或租赁不同的运输工具，购买或租赁运输工具的费用如表 3-6 所示。

表 3-6 购买 / 租赁运输工具价格表

工具类型	速度（kkm/w）	载重（kkg）	体积（m³）	使用年限（年）	购买价格（M）	租赁价格（M/ 季度）	变卖价格（M）	维修费用（M/ 年）	燃油费用（M/kkm）	装卸费用（M）
飞机	10	5	5	20	200	2	40	4	1	1
火车	4	80	80	20	150	8	30	3	1	1
小型汽车	2	5	20	20	8	2	4	1	1	1
中型汽车	2	15	50	20	12	3	6	1	1	1
大型汽车	2	35	80	20	16	5	8	1	1	1
轮船	1	80	80	20	150	5	30	2	1	1

购买：购买采用分期付款方式，第 1 个季度首付 20%，其余的分 3 个季度付款，第 2、第 3 季度付款金额是（购买价 – 购买价 ×20%）/3 取整，最后 1 个季度付清剩余金额。

租赁：每个季度都必须进行续约，并支付相应租金；退租必须保证运输工具为空才能退租。租赁的运输工具不需要支付人员工资。

变卖：空闲的运输工具才能进行变卖。购买的运输工具当年变卖不计提折旧，1 年后变卖要先计提折旧。运输工具变卖时，如果设备剩余价值大于变卖价格，则需要将差额做固定资产清理；如果设备剩余价值小于变卖价格，则差额做额外收入处理。设备变卖后，直接放到现金中。变卖运输工具时的工资计算规则是，第 1 周变卖的当季度不计算工作人员工资，其他时间变卖都需要支付工资。

5. 派车提货

根据签约订单的数量和货物的体积、重量，制订提货计划，确定派车型号和数量并制订装车计划，根据装车计划提货。

派车提货的车辆只限于陆运车辆，支付的费用等于车辆的装卸费用，不计燃油费；可以对提货计划区的订单进行拆分，来制订装车计划；派车提货的车辆只能对所在城市的订单提货。相应产品参考运费清单如表 3-7 所示。

表 3-7　产品参考运费清单

产品名称	单位	单位重量（kkg）	体积（m³）	参考运价（M）	适合运输方式
P1	件	1	1	1	空运
P2	件	5	10	2	陆运和铁路
P3	件	10	5	2	铁路和海运
P4	件	10	20	3	陆运和铁路
P5	件	15	10	3	海运

6. 货物入库

派车提回货物后可以先入库，方便货物分拣，进行运输调度。

只有在设有仓库的城市，才可以进行入库操作，入库前可以对订单进行拆分，方便货物分拣、装车。

7. 货物分拣

为了方便货物管理和装车配货，可以对货物进行分拣。

调拨：同一个城市不同仓库之间的货物可以相互调拨，同一个仓库不同分区之间的货物也可以相互调拨，只要保证被拨入的仓库库存空间足够使用即可。

分拣：同一个仓库不同分区之间的库存订单可以相互调动。

合并：同一分区内的订单可以进行合并。

8. 运输调度

通过对货物进行分拣，可以制订装车计划，根据装车计划进行运输工具调度，进行装车。装车后每辆车扣 1M 的装卸费。只能调度同一城市的运输工具进行装车。根据不同的运输工具确定运输费用。

9. 选择线路发货

在最左边树形目录选择车次，在地图上按行驶的顺序进行路线选择，首先按住 Ctrl 键，然后选择出发城市周边的路线，再根据提示顺序选择，直到选到提示的目的城市。

操作方式：在地图上选择路线，按住 Ctrl 键从起点开始用鼠标点击相应城市，依次选择路径。选择完以后，松开 Ctrl 键，单击保存，然后点击发车。每辆车都必须选择线路并发车后才能行使。运输路线图如图 3-3 所示。

注意：所有待发车辆必须分别点击其发车按钮才能离开城市出发，在途车辆根据保存的路径行驶。

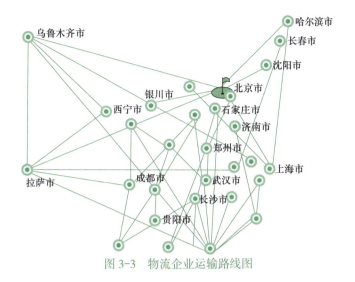

图 3-3　物流企业运输路线图

10. 货物到达，交货给客户

货物如果到达目的城市，可以直接交货；如果不是目的城市，可以跳过，也可以入库后进行中转，但该城市必须设有仓库才可以入库。

入库：车辆到达某个城市后，可以入库中转或者继续运载。如果入库中转，要求该城市必须要有仓库。

交货：交货的订单可以是库存订单，也可以是车辆运载订单，但是必须是订单的目的城市。交货订单必须是该订单中所有货物全部到达后，才能交货。

如果不能在订单约束限期内交货，要被扣发运费总额 20% 的罚金。

11. 运费结算

每个季度进行一次运费结算。根据企业的签约订单情况进行结算，结算的范围包括：

预付运费：提货时，预付款的订单；提货付款的运费结算账期是提货后一周后结算。

回付运费：已经交货的订单，要求回到出发地后付款的；运费结算账期是货物运达后 2 个账期（季度）内结算。

到付运费：已经交货的订单，要求货到付款的；货运付款的运费结算账期是货物到达后本周内结算。

到期未交货的订单被罚款。只要是到期没有交货的订单，都按照订单运费金额的 20%（按四舍五入取整）进行罚款，上季度已经罚过款的订单若本季度仍未交货也要进行罚款，直到交货为止。

12. 结束本季度营运

根据各个物流公司自身需求进行选择，所签订单全部送达目的客户后，可以直接结束本季度营运，跳转到本季度末的任务（支付行政管理费）继续执行。

三、财务运营规则

1. 支付上年度税金

企业所得税是对企业在一定时期内的纯所得（净收入）额征收的税种，企业所得税的法定税率为25%，在沙盘模拟中规定先弥补前几年的亏损，然后按照税前利润乘以25%，四舍五入取整计算。每年所得税计入应付税金，在下一年初交纳。

2. 短期贷款与民间融资

无论短期贷款还是民间融资均以20M为最低基本贷款单位。短期贷款及民间融资的贷款期限为3个季度。每季度内可以随时进行贷款，但是每季度初如果有到期需要归还的贷款，必须还款后才能再贷。短期贷款与民间融资的规则类似，只是贷款的利率不同，如表3-8所示。

表3-8 短期贷款与民间融资利率表

融资方式	贷款时间	贷款额度	还贷方式	利率
短期贷款	每季任何时间	上年所有者权益×2倍－已贷短期贷款	到期一次还本付息	5%
民间融资	每季任何时间	上年所有者权益×2倍－已贷民间融资	到期一次还本付息	15%

3. 更新短期贷款

如果企业有短期贷款，每执行一次本任务，还贷账期缩短1个季度。

4. 还本付息

短期贷款到期后，需要归还本金并支付利息。例如，短期贷款20M，到期时，需要支付20M×5%=1M的利息，因此需要支付本金和利息共计21M。

5. 获得新贷款

短期贷款在每一季度可以随时申请。可以申请的最高额度为：上一年度所有者权益×2－已有短期贷款。

6. 应收款及应付款

每季度执行本项任务一次，如果有应收账款，则应收账款账期缩短1个季度，盘面上账款位置向现金方向移动1季度，到期后移到现金中，现金增加；如果有需要支付的应付账款，则应付账款的账期也缩短1个季度，盘面上账款位置向现金方向移动1个季度，到期后从现金中支付，现金减少。

7. 贴现

贴现是将应收款变成现金的动作。每季度可以随时进行应收款贴现，贴现时按7的倍数取应收账款，其中1/7需要支付贴现费用，6/7变成现金，贴现时首先取账期最长的应收账款进行贴现。

8. 支付工资

支付本季度办公室人员、司机（注：租赁运输工具的司机不需要支付工资）、调度员和仓管员的工资。

新员工工资 = 原始工资基数 + 工资基数 × 城市的工资差；老员工工资 = 上个季度的工资数 + 上季度的工资数 × 工资增长比例。员工工资如表 3-9 所示。

表 3-9　员工工资表

职位名称	工资基数	工资增长比例	业务能力	级别
初级司机	1	1	×	1
中级司机	2	1	×	2
初级经理	2	1	2	1
中级经理	5	1	5	2
保管员	1	1	×	1
调度员	2	1	×	1

9. 支付行政管理费

企业为了维持正常运营缴纳给政府或者用于管理的费用。每季度必须缴纳 1M 的行政管理费用。

10. 长期贷款

长期贷款最长期限为 2 年，贷款到期后方可返还，贷款的数值只能是 20 的整数倍。长期贷款如表 3-10 所示。

表 3-10　长期贷款表

融资方式	贷款时间	贷款额度	还款方式	利率
长期贷款	每年年末	上年所有者权益 ×2 - 已有长期贷款	年底付息，到期还本	10%

更新长期贷款：如果企业有长期贷款，每执行一次本项任务，还贷账期缩短 1 年。

支付利息：长期贷款的还款规则是每年付息，到期还本，年利率为 10%，长期贷款到期时，财务总监从现金库中取出现金归还本金及当年利息，并做好现金收支记录。

申请长期贷款：长期贷款只有在年末可以申请，额度为上一年所有者权益 ×2 - 已有长期贷款。长期贷款也是以 20M 为基本贷款单位，长期贷款的贷款期限为 2 年。每年年末，如果有到期需要归还的长期贷款，必须首先还款后才能再贷。

11. 支付维护费

每年年底对公司现有运输工具、办公室和仓库（必须是购买的）进行维修，根据它们每年应缴纳的相应维修费用进行支付，当年新购买的不支付维修费用。

12. 折旧

办公室和仓库不计提折旧，运输工具需要计提折旧。

运输工具按单辆运输工具余额递减法计提折旧，当年购买的运输工具不计提折旧。折旧金额等于运输工具价值的 1/3 按四舍五入取整，当运输工具价值下降至 3M 时，每年折旧 1M，折到 0 为止。运输工具当年变卖不计提折旧，一年后变卖要首先计提折旧。

13. 关账

一年经营结束，年终进行关账，编制"损益表"和"资产负债表"。系统会根据得分规则自动计算当年各组的得分。

教学模式时需要手工编制"损益表"和"资产负债表",平账后才能关账。

企业破产: 当企业出现现金断流,不能归还贷款或者支付相关费用时,即为破产。企业破产后,即退出训练或比赛,破产企业所有资产不得转让。在开始学习训练时,为了保证教学内容的持续进行并且使各团队都能学习整个经营流程,指导教师可以通过特殊任务中的允许追加股东投资,让破产的团队追加一定量的股东投资。

职业判断与业务操作

一、物流企业经营管理沙盘训练和比赛操作程序

1. 各小组成员划分好角色,确定公司的名称。
2. 教师启动管理员控制平台,设置还原训练或比赛初始数据。

1)企业经营过程中不得追加股东投资(在教学训练时,为了使破产小组也能继续按流程做下去,教师需要设置成可以追加股东投资,必要时由教师进行追加股东投资操作)。

2)企业经营过程中不允许使用交易市场、订单转让等特殊任务。

3)根据教学训练或比赛参赛队数设定软件参赛组数和登录账号。

4)软件运行模式设定为自动模式。

3. 教师启动教师指导平台,宣布训练或比赛开始。
4. 各小组启动学生训练平台,以小组编号为用户名,密码为三个小组编号(如AAA),进入学生训练平台后,修改密码。
5. 各小组进行支付税金、竞标城市广告投放任务,时间限定在5分钟之内,并尽量压缩,教师要检查各组是否已经投放完毕,并进行督促。
6. 各小组竞标城市广告投放完毕,教师将首先修改续约时间(依据比赛时间表,如表3-11所示),并点击"开始续约",各队首先进行老客户续约选单,由系统自动计时,超时将失去续约机会。续约选单结束,教师检查各组续约完成情况,单击"结束续约"并进行第1次数据备份。

表3-11 比赛时间表

经营时间	续约(分钟/季度)	竞标(分钟/季度)	经营(分钟/季度)	延时(分钟/季度)	总时间(分钟)
第一年	3	7	15	5	(25+5)×4=120
第二年	3	7	20	5	(30+5)×4=140
第三年	3	7	20	5	(30+5)×4=140
总计	36	84	220	60	400

7. 开始公开竞标选单,教师首先修改投标方案制定时间(依据比赛时间表),然后点击"开始竞标",系统开始自动计时,超时将失去竞标机会。教师监督各小组及时制定

投标方案，各小组制定投标方案完毕，教师点击"结束竞标"并进行第 2 次数据备份。

8. 教师修改本季度的经营时间（依据比赛时间表），然后允许各小组开始当季度的经营。教师随时督促各小组的经营情况，保证各小组在规定时间内完成。时间到后，每季度最长延时时间不超过 5 分钟。

9. 各小组每完成 1 个季度的经营任务，在下次续约之前，教师要及时进行第 3 次数据备份。

10. 各小组每经营完 1 年并关账后，教师要及时进行第 13 次数据备份。然后教师宣读并公布各队得分、权益和利润；教师要在教师指导平台控制是否进入下一年；经营完 3 年后，教师公布名次，登记各小组比赛成绩。

二、物流企业经营管理沙盘软件评分规则

软件操作各组得分 = 权益 ×（1+ 总分 /100）

其中总分按如下原则计算：

开发完成的市场：西北区加 10 分，西南区加 10 分，东北区加 10 分，华北区（北京除外）加 10 分，华南区加 10 分，华东区加 10 分，华中区加 10 分。

开发完成的 ISO 认证：ISO 9000 加 10 分，ISO 14000 加 20 分。

期末拥有的办事处（租赁或购买办公室，当年建设不得分）：每在一个城市设立办事处加 10 分。

在经营时间控制下每超时 1 分钟扣 10 分（每季度超时时间累计）。

未进行民间融资加 20 分，未贴现加 20 分。

思考与练习题

1. 团队如何在管理经营中得到加分项？
2. 企业在经营中什么情况需要使用特殊任务？
3. 团队在运营货物时都需要经过哪些步骤？

任务二　相关术语解释

任务目标

- 熟悉营销 4P 理论。
- 熟悉相关财务术语。
- 掌握资产负债表的填制。

○ 掌握利润表的填制。

任务介绍

物流沙盘训练时经常用到一些财务管理和营销方面的关键术语，通过本任务学习将这些知识应用到沙盘训练中，以提高比赛成绩。

任务分析

小组成员需要对物流市场的前景进行分析，对可能出现的竞争对手进行估计，做好物流市场开发规划，掌握财务会计手段的合理使用，未雨绸缪，做好企业现金流的管理。

知识准备

一、物流市场营销术语

物流市场营销：物流企业通过对物流市场施加作用和影响，促成潜在客户转化为现实客户，以满足客户对物流产品（服务）的需求的过程。

物流市场细分：物流企业根据客户需求的不同特征将整个物流市场划分为若干个客户群的过程，每个客户群是一个具有相同特征的细分市场或子市场。市场细分就是把市场分割成具有不同需求、性格或行为的购买群体，并针对每个购买群体采取单独的产品或营销策略。

物流产品组合：物流企业为了满足不同客户的需求开发的不同种类产品及服务的组合，是物流企业经营的全部产品线、产品项目的组合。

4P 营销理论：以产品（Product）、价格（Price）、渠道（Place）、促销（Promotion）为核心的营销组合方法，由于这四个词的英文字头都是 P，因此简称为"4P"。①产品：注重开发的功能，要求产品有独特的卖点，把产品的功能诉求放在第一位。②价格：根据不同的市场定位，制定不同的价格策略，产品的定价依据是企业的品牌战略，注重品牌的含金量。③渠道：企业并不直接面对消费者，而是注重经销商的培育和销售网络的建立，企业与消费者的联系是通过分销商来进行的。④促销：企业注重销售行为的改变来刺激消费者，以短期的行为（如让利、买一送一、营销现场气氛等），吸引其他品牌的消费者消费或引导消费者提前消费来促进销售的增长。

二、财务管理术语

固定资产折旧：指固定资产由于损耗而转移到生产经营管理成果中去的那部分以货币表现的价值。固定资产损耗分有形损耗和无形损耗两种，有形损耗是指固定资产由于在生产经营管理过程中的使用等原因引起的在使用价值或价值上的损失；无形损耗则是指由于技术进步等引起的机器设备等在价值上的损失。固定资产由于损耗而转移到生产经营管理成果中去的那部分价值，应以折旧费用按期计入生产经营管理成本费用，构成生产经营管理成本费用的一个重要组成部分。

贴现：指持票人在需要资金时，将其持有的商业汇票，经过背书转让给银行，银行从票面金额中扣除贴现利息后，将余款支付给申请贴现人的票据行为。

贴现本质上是银行的一项资产业务，汇票的支付人对银行负债，银行实际上与付款人是间接贷款关系。将应收债权和应收票据向银行申请贴现进行融资，是目前企业常用的一种财务手段。

行政管理费用：指企业为了维持运营发生的必要的工商管理费用、差旅费、招待费等。

资产：指过去的交易、事项形成并由企业拥有或控制的资源，该资源预期会给企业带来经济利益。

负债：指过去的交易、事项形成的现实义务，履行该义务预期会导致经济利益流出企业。

所有者权益：企业资产扣除负债后，由所有者享有的剩余权益。

资产负债表：反映企业某一特定日期财务状况的会计报表。资产负债表是根据"资产＝负债＋所有者权益"这一反映资产、负债和所有者权益这三个会计要素相互关系的会计恒等式，把企业在某一特定日期的资产、负债和所有者权益各项目按照一定的分类标准和一定的排列顺序编制而成的。

利润表：又称收益表或损益表，是反映企业在一定会计期间经营成果的报表。利润表把一定期间的收入与其同一会计期间相关的费用进行配比，计算出企业一定时期的净利润（或净亏损）。通过利润表反映的收入、费用等情况，能够反映企业生产经营的收益和成本耗费情况，表明企业生产经营成果；同时，通过利润表提供的不同时期的比较数字（本月数、本年累计数、上年数），可以分析企业今后利润的发展趋势及获利能力，了解投资者投入资本的完整性。由于利润是企业经营业绩的综合体现，又是进行利润分配的主要依据，因此，利润表是会计报表中的主要报表。

量本利分析法：全称为产量成本利润分析法，也叫保本分析或盈亏平衡分析，是通过分析生产成本、销售利润和产品数量这三者的关系，掌握盈亏变化的规律，指导企业选择能够以最小的成本生产最多产品，并可使企业获得最大利润的经营方案，如图3-4所示。

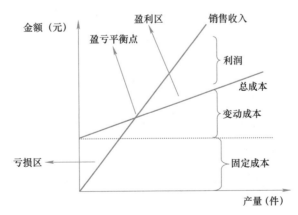

图3-4　成本利润盈亏平衡分析图

盈亏平衡点（Break Even Point，BEP）：又称零利润点、保本点、盈亏临界点、损益分歧点、收益转折点，通常是指全部销售收入等于全部成本时（销售收入线与总成本线的交点）的产量。以盈亏平衡点为界限，当销售收入高于盈亏平衡点时企业盈利，反之，企业就亏损。盈亏平衡点可以用销售量来表示，即盈亏平衡点的销售量；也可以用销售额来表示，即盈亏平衡点的销售额。

资产回报率（ROA）：又称资产收益率。资产回报率＝净利润/平均资产总额×100%。它是用来衡量每单位资产创造多少净利润的指标。

权益回报率（ROE）：权益回报率除了是一个衡量股东在公司内所获得投资回报的指标之外，亦是一个监察公司管理层的盈利能力、资产管理及财务控制能力的重要指标。一般而言，ROE越高越好，15%～20%属于理想水平，高于20%则属于优异水平。

思考与练习题

1. 如果你充当CEO角色，在企业开立之初，你会怎么安排企业的工作？
2. 在对企业经营情况进行分析时，你会使用哪些财务知识和工具？
3. 深刻理解战略管理、市场营销策略、现金流预测与财务管理的含义及全面经营管理的重要性。
4. 每个团队的CEO、CSO、COO、CFO都需要熟练掌握哪些物流企业经营规则？如何进行分工协作？
5. 每个团队的CEO、CSO、COO、CFO需要承担管理物流企业中的哪些职能？

扩展阅读：智能绿色的物流生态，赋能高质量发展

我国物流业务飞速发展，技术不断进步、流程不断优化，但同时也带来了一定的社会问题。国内某碳排放管理平台发布的《中国电子商务企业温室气体排放总量研究报告》显示，电子商务在飞速发展的同时，给社会环境带来了不可忽视的影响，在电子商务的业务环节中物流、包装、仓储等环节都会产生大量的碳排放，2019年电商物流环节产生的碳排放高达1 554万吨，占电商企业总排放量的29%。

2020年，我国碳排放量达到98.99亿吨，同比增长0.6%，再创历史新高，占全球碳排放量的比重也提升至30.7%。碳排放已经成为制约物流行业发展的重要一环，也是影响国家可持续发展战略的重要一环，同时也成为世界共同关注的话题。

一、政策激励，昭示绿色方向

党的十八大以来，习近平总书记在多个场合提过"绿色发展"理念，突出绿色惠民、绿色富国、绿色承诺的发展思路，推动形成绿色发展方式和生活方式。绿色发展是当今世界的时代潮流，中国经济要适应"新常态"。

为了从根本上降低碳排放，实现碳中和的目标，国家出台一系列举措。2019年3月，国家发展改革委、中央网信办、工业和信息化部、公安部、财政部、自然资源部、生态环境部、交通运输部等部门联合发布《关于推动物流高质量发展促进形成强大国内市场的意见》，将"加快绿色物流发展"作为推动物流高质量发展的强大动力。2020年11月，《国务院办公厅转发国家发展改革委等部门关于加快推进快递包装绿色转型意见的通知》，明确提出"坚持绿色发展""推进快递包装绿色转型"。2021年3月国家邮政局再出重拳，颁布实施《邮件快件包装管理办法》，细化了包装材料、包装流程、包装监管、法律责任等一系列具体的问题，从技术层面给物流企业指明了方向。

二、责任在肩，践行绿色发展

政策驱动是物流业绿色发展的保障，物流人也深知责任重大，快递、电商、运输企业作为物流各个节点，分别积极践行绿色发展理念。

其实早在2016年，菜鸟集团就已经提出了"回箱计划"，它联合"四通一达"共同开启了纸箱回收复用业务，截至2019年，已经回收上亿个纸箱，减少的碳排放相当于种下了74万棵树。京东物流推出了可循环的"青流箱"、可降解的包装袋、可瘦身的保温箱等，全面开启了绿色物流活动。苏宁物流则推出了"共享快递盒"服务，在自身践行绿色发展理念之外，还倡导消费者绿色环保。

在业务流程方面，快递公司、运输企业也在不断地发展无纸化，旨在减少碳排放量，无纸化通关、无纸化面单、无纸化签收、无纸化仓储等都已经成为各个企业的共识，其共同目标就是"绿色、低碳、环保"，用自己的行动守卫祖国的绿水青山。

三、科技创新，打造绿色引擎

物流已经成为我国实施生态文明战略的重要组成部分，在国家政策支持下，各类物流行业也已经对绿色物流达成了共识，但是物流的绿色发展更多的是依赖科技创新，物联网、大数据、人工智能正在推动绿色物流的高速发展。

京东"亚洲一号"仓库自2009年建立，已经建设了众多智能物流园区，园区内自动化设备、机器人、智能管理系统、AGV智能轨道车等创新设施在改变传统物流作业模式的同时，更加体现"高效、快速、绿色、发展"的理念。

百威中国在2020年10月部署"中国绿色物流开放日"，开始实施绿色物流战略，以低能耗仓储、低碳运输、高效的供应链计划为重点，减少物流中的二氧化碳排放，首批氢燃料电池车正式投入使用，这种车没有任何碳排放。这一技术的推广运用，对降低物流运输领域的碳排放起着举足轻重的作用。

项目四
掌握流程　学会经营

任务一　公司工作流程介绍

任务目标

- 了解公司模拟经营的工作程序。
- 熟悉年初、季度初、每周、季度末和年末的任务清单。
- 掌握运输调度流程。
- 掌握运输工具的选择。

任务介绍

本任务将模拟物流公司内部工作流程，以经营时间来界定经营单位。这里把物流运营一年划分为4个工作季度，每个工作季度划分为12个工作周，将一年的工作分为每年初执行的2项工作、每季度初执行的6项工作、每周执行的7项工作、每季度末执行的5项工作和每年末需要做的4项工作，总共386项工作。执行工作程序时由CEO主持，团队成员各司其职，有条不紊，每执行完一项任务，CEO在方格中做完成标志。下面将按经营时间的先后来模拟一家物流公司全部运营过程。

任务分析

经营管理一家物流公司是一件非常复杂的事情，沙盘软件按时间顺序来完成物流公司相关经营操作，这就要求大家要在相应的时间节点完成相应的工作任务，以期达到最佳运营效果。

职业判断与业务操作

一、每年初工作

每年初要执行 2 项工作。

下面所模拟的第三方物流公司是一家新创业的公司,开始公司经营之前,需要注册公司,成立办事处。办事机构通过购买或租赁办公室实现,并为每个办公室配备相应的业务人员。模拟公司注册如图 4-1、图 4-2 所示。

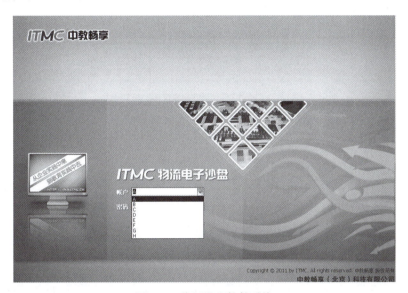

图 4-1 分组进入软件系统

图 4-2 注册公司名称

目前公司只在北京设立办事处，所以只需要在北京成立办事处，通过购买或租赁办公室实现，点击选择购买或租赁办公室及其类别，如图 4-3 所示。

图 4-3　购买或租赁办公室

设立办公室后为办公室配备人员，如图 4-4 所示。

图 4-4　招聘业务经理

1. 支付应交税

CEO 在软件上选择支付应交税任务项，根据企业上年度利润计算企业应交税金，如图 4-5、图 4-6 所示。每年税前利润首先弥补前几年的亏损，弥补亏损后税前利润乘以

25% 取整为应交税金。财务总监从企业现金区取出相应的金额放置于沙盘上的"税金"处并做好现金收支记录。特别提醒,刚设立公司时(第一年)是不用交税金的,这与现实中设立公司一样。

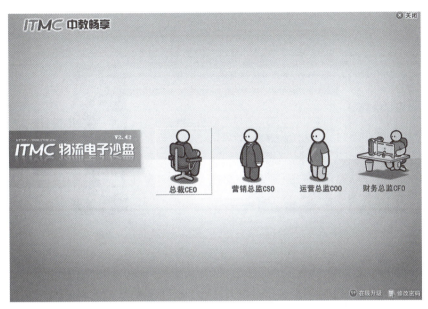

图 4-5 以总裁 CEO 角色进入系统进行操作

2. 计划新的一年

新的一年来临,给我们带来了希望和挑战,公司的任务仍然相当艰巨。因此需要企业各级领导认真思索、勇挑重任,脚踏实地地切实做好每一项工作。企业管理团队要制定(调整)企业发展战略,制定营运计划、固定资产投资规划、融资计划,制定营销策划方案等。这一项在沙盘训练时不在软件中体现,主要靠团队手动完成。

图 4-6 支付应交税

二、每季度初工作

每季度初要执行 6 项工作。

1. 选择投标城市

企业年初工作会议制定好年内营运计划后,销售部门按照年初计划,选择本季度要重点主打的城市,在该城市进行广告投放,如图 4-7、图 4-8 所示。销售总监按照广告投放的总额取相应的现金放置于沙盘上的"广告"处,财务总监做好现金收支记录。

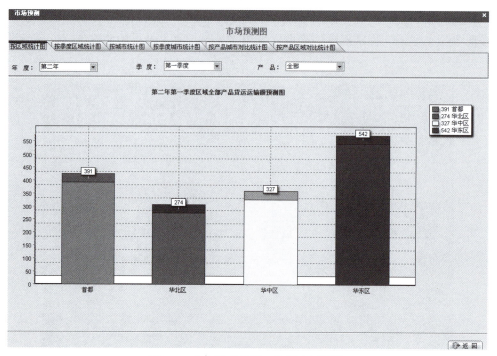

图 4-7　点击经营分析，选择市场预测

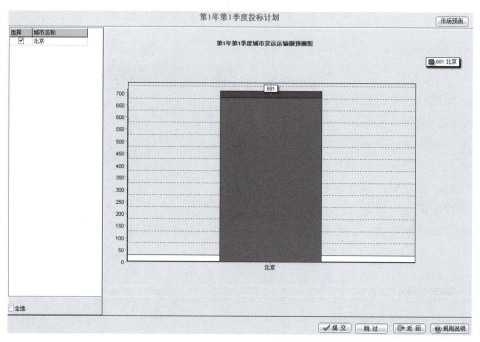

图 4-8　选择投标城市

提示　选择投标城市时，一定要确定拟投标的城市将其选中，并提交。

2. 参加订单竞选

模拟实际企业的订单竞争方式主要有两种：一是根据运费高低进行竞标，由各企业根据自己的情况进行暗标投标,系统自动确定最低价格者中标;二是可以根据与某企业的关系值优先选取老客户的订单。

由教师在教师端软件里面控制竞标的开始与结束。学生根据自己的销售计划制定投标计划。

(1)合同续约(见图4-9、图4-10)。

图4-9 教师端合同续约控制

图4-10 学生端合同续约

（2）公开竞标（见图 4-11 ~ 图 4-14）。

图 4-11　教师端公开招标

图 4-12　学生端公开招标

图 4-13 本季度中标结果

图 4-14 订单信息列表

3. 更新短期贷款/支付利息/获得新的贷款

执行本项任务，首先要确认是否已经有贷款，如果企业已有短期贷款或者民间融资，请财务总监将空桶向现金区方向移动一格，移至现金区时，表示该笔贷款到期需还。计算该笔贷款的利息时，财务总监按利息金额取出相应的现金放到盘面的利息上面，取出相应还贷现金归还银行，同时将盘面倒扣的空桶取走。如果企业需要进行融资活动，可以进行短期贷款或者民间融资。如果获得新贷款，财务总监需要从银行取回现金放到沙盘盘面的现金库中，同时在沙盘盘面短期贷款或者民间融资的第4个账期上放置对应的倒扣空桶，表示负债，并做好现金收支记录。相应的系统界面如图4-15所示。

本季度内可以随时进行短期贷款或者民间融资。

4. 更新应收款/更新应付款

执行本项任务时，如果企业有应收账款，则财务总监需将应收款向现金区方向推进一格，到达现金库时，表示应收账款变为现金，现金增加，应收账款减少，财务总监做好现金收支记录；如果企业有应付账款，财务总监需将应付款向现金区方向推进一格，到达现金库时，表示应该归还应付账款，财务总监从现金库中取相应的现金归还应付款，同时做好现金收支记录。相应的系统界面如图4-16所示。

如果企业有应收账款，可以提前变现，贴现随时可以进行，财务总监按7的倍数取应收账款，其中1/7作为贴现费用置于沙盘上的"贴现"处，6/7放入现金区，并做好现金收支记录；应收账款贴现时不考虑账期因素。

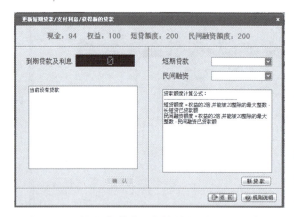

图4-15 更新短期贷款/支付利息/获得新的贷款

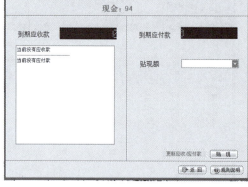

图4-16 更新应收款/更新应付款

 到期的应收款加上现金的金额要大于应付款，否则会出现资金断流。

5. 购买/租赁仓库

购买仓库：在设有公司办事处的城市可以购买仓库，购买仓库可以分期付款，购买仓库投入的资金转为企业固定资产，仓库不计提折旧，但每年需要支付维护费用，空闲的仓库可以按原值出售。购买仓库后，财务总监需要在沙盘上取出相应的现金放到盘面固定资产库房价值一项上，并取模拟库房放到地图中相应的城市上面。

租赁仓库：在设有公司办事处的城市可以租赁仓库，租赁仓库每季度需要支付租赁费用。财务总监需要在沙盘上取出相应的现金放到盘面的租赁费一项上。相应的系统界面如图 4-17 所示。

仓库变卖：需将仓库的模拟教具交给教师，并将仓库的固定资产价值放到沙盘的现金库中。

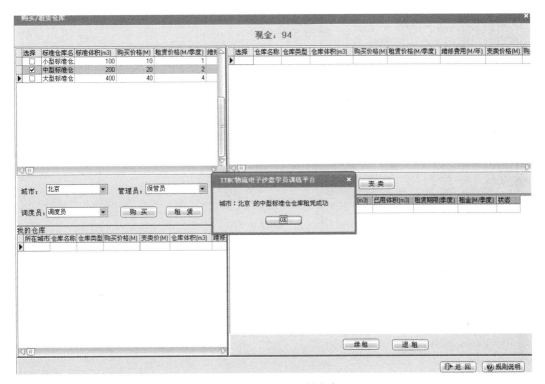

图 4-17　购买 / 租赁仓库

6. 购买 / 租赁运输工具

购买运输工具：在设有公司办事处的城市随时可以购买运输工具（包括汽车、火车、轮船、飞机等），购买运输工具可以分期付款，购买投入资金转为企业固定资产，但每年要计提折旧，当年购买的运输工具不计提折旧，运输工具每年也需要支付维护费用，运输工具也可以按设备残值出售。运输工具将货物送达目的城市后，将停留在目的城市，可以配货返回或者空车返回。购买运输工具，财务总监需要在沙盘上取出相应的现金放到盘面固定资产设备价值一项上，并取模拟运输工具教具摆放到地图中相应的城市上面，车辆运输过程停留在哪一个城市，模拟运输工具教具就摆放到地图中相应的那个城市上面。

租赁运输工具：在设有公司办事处的城市也可以随时租赁运输工具，租赁运输工具每季度需要支付租赁费用。财务总监需要在沙盘上取出相应的现金放到盘面的租赁费一项上。相应的系统界面如图 4-18 所示。

运输工具变卖：如果运输工具折旧后价值小于出售残值，则差额记额外收入，财务总监从设备价值中取走设备残值，并从设备购买商处取差额现金放置于沙盘上的现金库中，运输调度员从盘面上取走相应运输工具,交给设备购买商;如果设备折旧后价值大于出售残值,则差额做固定资产清理,记额外支出,财务总监从设备价值中取走设备残值,将设备出售现金放置于沙盘现金库中,剩余差额现金放置于沙盘上的固定资产清理上。

图 4-18 购买/租赁运输工具

三、每周工作

每周要执行 7 项工作。

1. 货物到达

每周货物到达新的城市后,如果是目的地城市,可以直接交货给客户;如果还未到达目的地城市,可以跳过;或者如果本城市内有库房,也可以将货物入库转运。货物到达后,在物理沙盘盘面上,模拟运输工具摆放停留在该城市。相应的系统界面如图 4-19 所示。

2. 运费结算

每周可以有一次机会进行运费结算,如果所签订单是预付运费,则每季度第 1 周就可以拿到运费;如果所签订单是到付运费,则货物运达目的地城市的当周就可以拿到运费;如果所签订单是回付运费,则货物运达目的地城市后,将产生一笔 2 季的应收账款,即 2 个季度后才可以拿到运费。每周运费结算时,根据所签订单的付款方式,从客户那里取回相应的运费,在物理沙盘盘面上,放到现金库中或者应收账款的第 2 季度上。相应的系统界面如图 4-20 所示。

项目四 掌握流程 学会经营

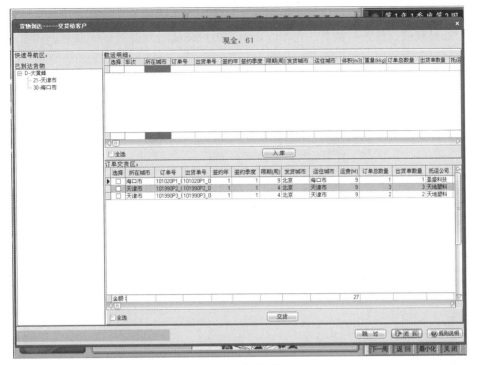

图 4-19 货物到达

图 4-20 运费结算

3. 派车提货

拿到订单后，需要根据订单的所在城市派车到客户那里将货物取回。根据订单的体积

51

和重量，决定购买或者租赁相应的运输工具（只能用汽车运输），制定提货装车计划，将货物从客户那里取回，放到本城市的仓库内。每周内可以随时到客户那里取货。货物入库后，同一辆车可以多次使用。相应的系统界面如图 4-21～图 4-24 所示。

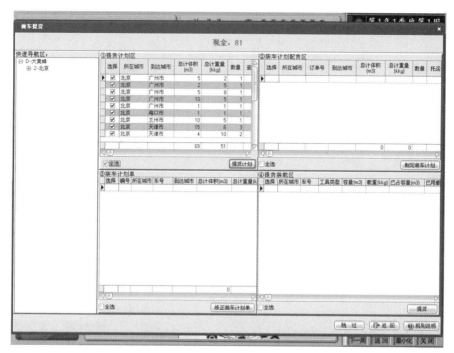

图 4-21　制定提货计划

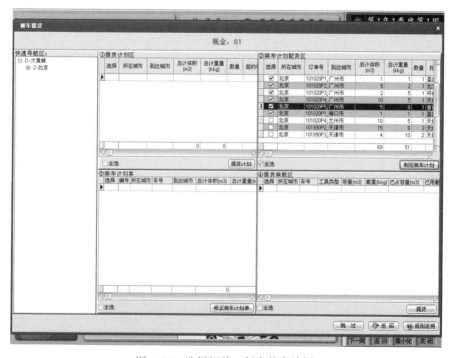

图 4-22　选择订单，制定装车计划

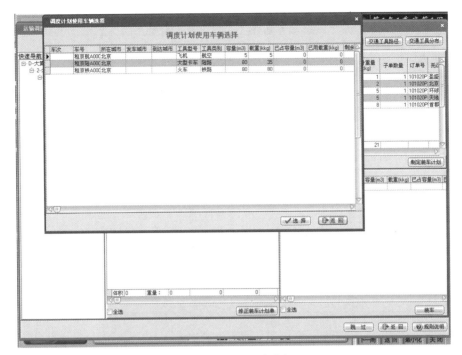

图 4-23　选择调度车辆

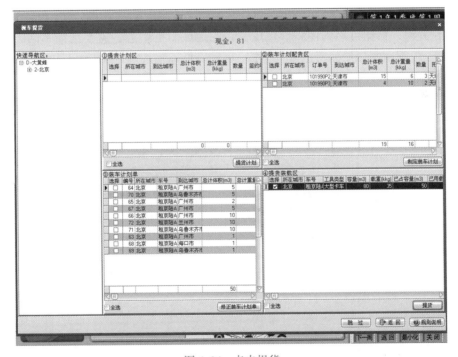

图 4-24　点击提货

4. 提货入库

从客户那里取回的货物,首先要运到订单所在城市的仓库入库。相应的系统界面如图 4-25 所示。

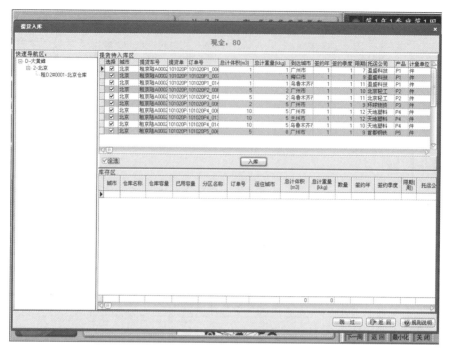

图 4-25 提货入库

5. 货物分拣

入库的货物，根据订单的体积、重量、目的地城市等信息，需要选择不同的运输线路和运输方式，根据所签订单的特点进行分拣，尽量降低运输成本。相应的系统界面如图 4-26、图 4-27 所示。

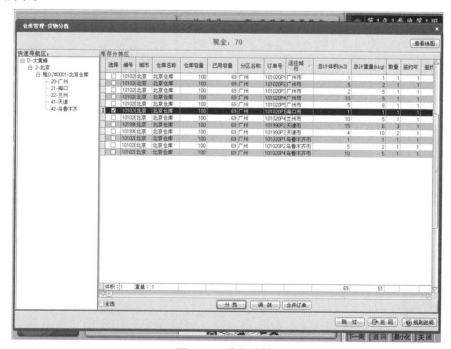

图 4-26 货物分拣

图 4-27 选择入库分区

6. 运输调度

将分拣好的货物制定合适的配货装车计划，选择合适的运输工具装车。相应的系统界面如图 4-28～图 4-32 所示。

图 4-28 制定装车计划

图 4-29 进入装车配货区

图 4-30 选择运输车辆

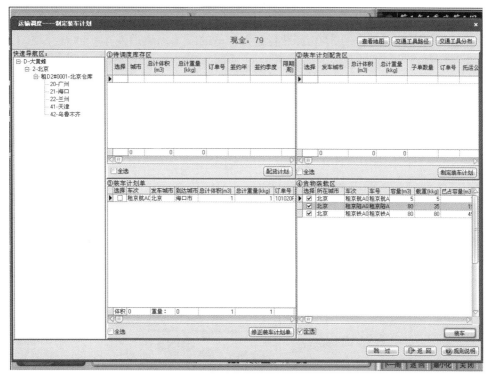

图 4-31 可以修正装车计划

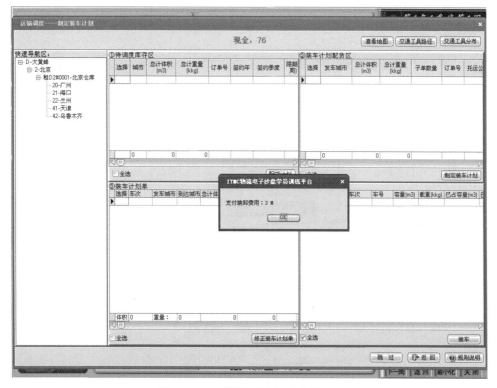

图 4-32 支付装卸费用，每辆车 1M

7. 选择线路发货

装好货物的车，分车次分别在地图上选择合适的线路，然后发车。注意在地图上完成线路的选择和删除。相应的系统界面如图 4-33 ～图 4-35 所示。

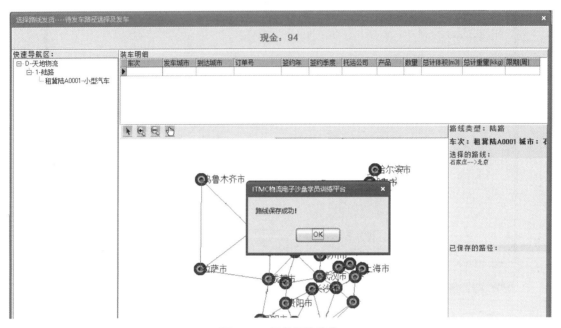

图 4-33　保存运输路线

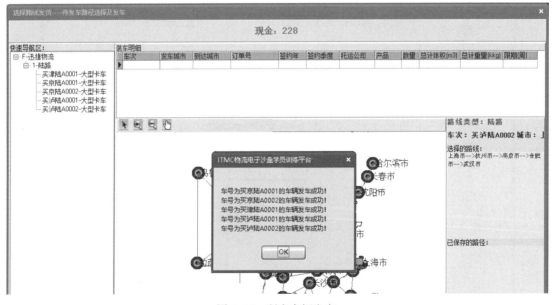

图 4-34　所有车辆发车

项目四　掌握流程　学会经营

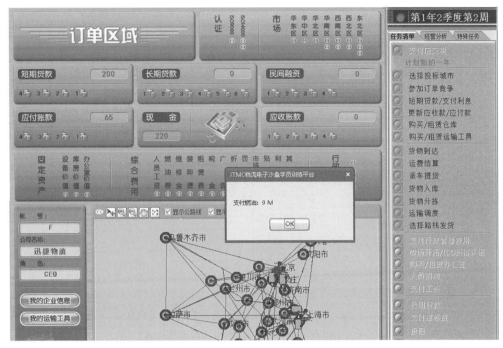

图 4-35　按运输里程支付燃油费

本季度所签订单全部送达客户并结算后，如果还没有执行到第 12 周，可以点击"特殊任务"项中的"结束本季度运输"，直接跳转到季度末的任务。相应的系统界面如图 4-36、图 4-37 所示。

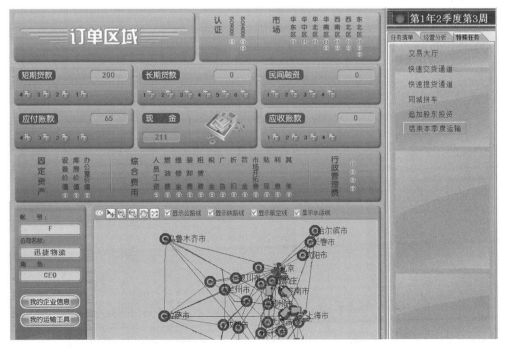

图 4-36　结束本季度运输

图 4-37　结束本季度营运，所租车辆停在现所在城市

四、每季度末工作

每季度末要执行 5 项工作。

1. 支付行政管理费用

行政管理费用是企业为了维持日常运营发生的工商管理费用、差旅费、招待费等。每季度财务总监取出 1M 现金摆放在沙盘盘面的"行政管理费用"处，并做好现金收支处理。相应的系统界面如图 4-38 所示。

图 4-38　支付行政管理费用

2. 市场开拓/ISO 资格认证

市场开拓：财务总监取出现金放置在要开拓的市场区域，并做好现金支出记录。

ISO 认证投资：财务总监取出现金放置在要认证的区域，并做好现金支出记录。相应的系统界面如图 4-39 所示。

图 4-39　市场开拓/ISO 资格认证

3. 购买/租赁办公室

购买办公室：要在某个城市获取订单，首先要在该城市购买办公室，设立办事处。购买办公室可以分期付款，购买办公室投入的资金转为企业固定资产，办公室不计提折旧，但每年需要支付维修费用。购买办公室后，财务总监需要在沙盘上取出相应的现金放到盘面固定资产办公室价值一项上，并取模拟办公室放到地图中相应的城市上面。

租赁办公室：办公室也可以租赁，租赁办公室每季度需要支付租赁费用。财务总监需要在沙盘上取出相应的现金放到盘面的租赁费一项上。相应的系统界面如图 4-40 所示。

办公室变卖：需将办公室的模拟教具交给教师，并将办公室的固定资产价值放到沙盘的应收账款的第 2 季度。

4. 人员招聘

每个季度末可以在设有公司办事处的城市进行业务人员招聘，提升企业的竞争力。相应的系统界面如图 4-41 所示。

5. 支付工资

每个季度初需要支付上一季度的工资，包括司机、办事处人员、车辆调度员和仓库保管员等人员的工资。财务总监需要在沙盘上取出相应的现金放到盘面的人员工资一项上。相应的系统界面如图4-42所示。

图4-40 季度末购买/租赁办公室

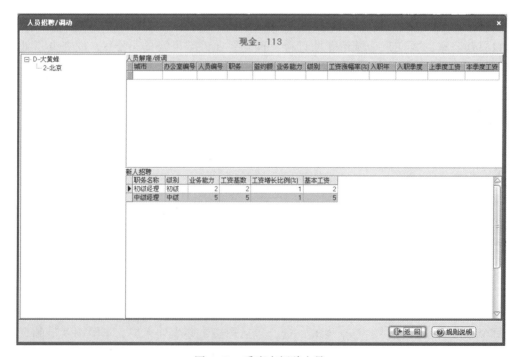

图4-41 季度末招聘人员

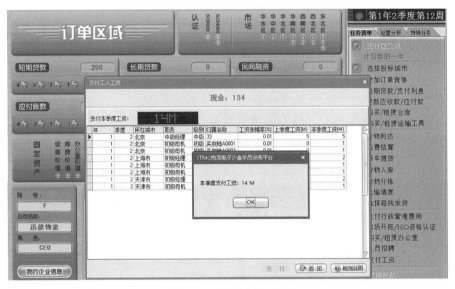

图 4-42 支付人员工资

五、每年末工作

每年末要执行 4 项工作。

1. 更新长期贷款 / 支付利息 / 获得新的贷款

执行本项任务，首先确认是否已经有贷款，如果企业已经有长期贷款，请财务总监将盘面上长期贷款位置上相应的空桶向现金区方向移动一格，同时计算所有长期贷款的利息。财务总监根据利息从盘面现金区中取出相应的现金，放到沙盘盘面上的利息项上面；空桶移至现金区时，表示该笔贷款到期需还，财务总监从现金中取出相应还贷现金归还银行，同时将盘面倒扣的空桶取走。如果企业需要获得新的长期贷款，财务总监需要从银行取出现金放到沙盘盘面的现金区中，同时在沙盘盘面长期贷款的第 3 年的位置上放置对应的倒扣空桶，表示负债，并做好现金收支记录。系统界面如图 4-43 所示。

图 4-43 更新长期贷款 / 支付利息 / 获得新的贷款

2. 支付维修费

在每年的年末,办公室、库房、运输工具都需要支付维修费用。财务总监取相应现金置于沙盘上的"维修费"处,并做好现金收支记录。系统界面如图 4-44 所示。

3. 折旧

办公室和库房不计提折旧,运输工具按余额递减法计提折旧,当年新购买的运输工具不计提折旧。折旧 = 单设备价值 /3,向下取整。财务总监从设备价值中取折旧费放置于沙盘上的"折旧"处。当设备价值下降至 3M 时,每年折旧为 1M。系统界面如图 4-45 所示。

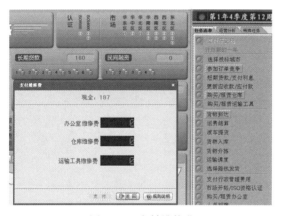

图 4-44 支付维修费

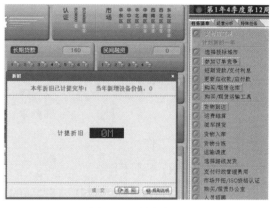

图 4-45 设备折旧

4. 关账

一年的经营下来,年终要做一次"盘点",编制"资产负债表"和"利润表"。

在报表做好之后,指导教师将会取走沙盘上企业已支出的各项费用,为来年做好准备。系统界面如图 4-46 所示。

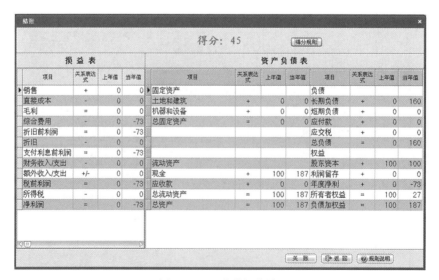

图 4-46 经营数据统计

思考与练习题

1. 在运营中，什么时间制定投标计划？投标过程中有哪些注意事项？
2. 该软件中计提折旧是如何计算的？
3. 每个季度支付的工资包括哪些人员的工资？

任务二　特殊任务处理

任务目标

- 了解沙盘运营过程中一些特殊情况的处理。
- 熟悉交货快速通道和快速提货通道的使用。
- 掌握软件操作技巧。

任务介绍

本任务将模拟物流公司内部工作流程，介绍特殊任务的处理。

任务分析

为了更合理地进行资源优化配置，要加大物流公司之间的合作力度。沙盘中的特殊任务是用来处理与其他企业有关的业务或者非正常的经营活动，体现实践中同行业之间的竞争与合作。

交易方式：卖家对自己拥有的资源进行交易挂单，买家通过交易大厅查看选择购买。

知识准备

一、订单交易

卖家在"我的物品"栏，选择"未提货订单"，选择自己不需要的订单，右击"转让"，并收取一定的转让费用。可转让条件：转让的订单必须是没有提货的订单，转让成功后将获得额外收入——订单转让费。如果想取消交易，选中订单右击"取消"。

买家在"交易大厅"，选择"订单区"，选择自己需要的订单，右击"购买"。购买订单没有任何限制。购买成功后，将支付订单转让费用。

二、运输工具交易

卖家在"我的物品"栏，选择"运输工具区"，选中自己不需要的运输工具，右击"转让"，填写转让价格，挂单进入"交易大厅"。可转让条件：须自己购买的运输工具，且运输工具必须是无载重,不在提货中。交易成功后,将对运输工具进行折旧,对其固定资产清理,额外收入其转让价。如果想取消交易,选中运输工具右击"取消"。

买家在"交易大厅",选择"运输工具区",选择自己需要的运输工具,右击"购买",购买成功后支付运输工具转让费,该运输工具价值即为转让价值。购买之后车号将重新编制,所在城市与购买之前相同。

三、仓库交易

卖家在"我的物品"栏,选择"仓库区",选中自己不需要的仓库,右击"转让",填写转让价格,挂单进入"交易大厅"。可转让条件:须自己购买的仓库,且仓库必须是无库存。交易成功后,对其进行固定资产清理,额外收入其转让价。如果想取消交易,选中仓库右击"取消"。

买家在"交易大厅",选择"仓库区",选择自己需要的仓库,右击"购买",购买成功后,支付仓库转让费,仓库的原价值不变,额外收入其价值,额外支出购买价。

四、办公室交易

卖家在"我的物品"栏,选择"办公室区",选中自己不需要的办公室,右击"转让",填写转让价,挂单"交易大厅"。可转让条件:须自己购买的办公室,且该城市没有自己未交货的订单。交易成功后,对其进行固定资产清理,额外收入其转让费。如果想取消交易,选中办公室右击"取消"。

买家在"交易大厅",选择"办公室区",选中自己需要的办公室,右击"购买"。购买不限制是否开发该地区的市场。交易成功后,支付办公室转让费,其原价值不变,额外收入其价值,额外支出购买价。相应系统界面如图4-47所示。

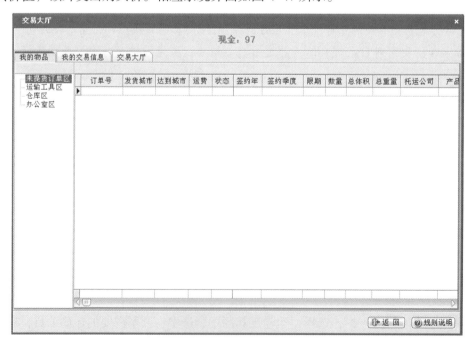

图4-47 交易大厅

五、订单转让

企业因产能不足或其他原因造成订单无法完成时,可以把订单转给其他企业,避免订单不能及时交货造成罚款。

步骤一:点击特殊任务中的"订单转让"按钮,弹出相应对话框。

步骤二:选择需要转让的订单,选择受让方(接收订单的公司),输入转让费,如图4-48所示。

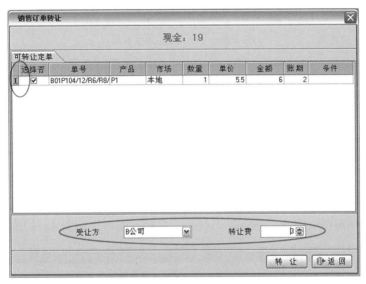

图4-48 订单转让

步骤三:点击"转让"按钮(如图4-49所示),系统提示:"确定要进行订单转让吗?"点击"确定",系统提示:"转让请求已经发送,正在等待对方的应答,请稍后!"此时也可以点击"取消"按钮取消订单的转让。

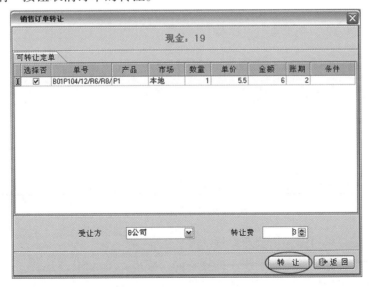

图4-49 点击"转让"按钮

步骤四：对方系统提示订单转让信息，如图 4-50 所示，可以点击"确定"接收，也可以点击"取消"，拒绝接收。

图 4-50　订单转让提示界面

步骤五：对方点击"确定"后，系统提示："对方已同意您的请求！"点击"OK"，系统提示："订单转让成功！"

六、快速交货通道和快速提货通道

没有交货的订单，不管是在运输途中还是在仓库或者是没有提货都可以采用快速交货，如果订单采用快速交货，快速交货运费总金额将会被扣罚 20%。

步骤一：点击特殊任务中的"交货快速通道"按钮，弹出相应对话框。

步骤二：选择需要快速交货的订单，点击"交货"按钮，如图 4-51 所示。

图 4-51　快速交货

对于未提货的订单可以采用快速提货。

步骤一：点击特殊任务中的"快速提货通道"按钮，弹出相应对话框。

步骤二：选择提货的城市，再选择要提货的订单，点击"提货"按钮，如图 4-52 所示。

项目四 掌握流程 学会经营

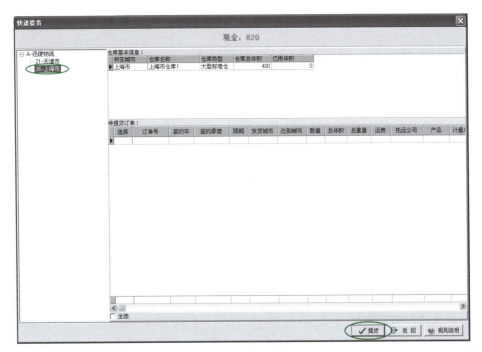

图 4-52 快速提货

七、同城拼车

步骤一：点击特殊任务中的"同城拼车"按钮，弹出相应对话框。

步骤二：选择运输工具，再选择要拼车的订单，点击"拼车"，如图 4-53 所示。

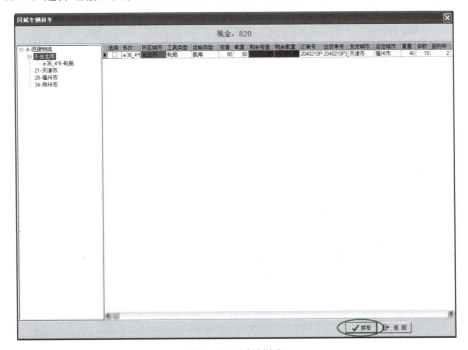

图 4-53 同城拼车

八、追加股东投资

如果企业因经营不善,出现资金短缺,可以通过追加股东投资的方式进行融资。

步骤一:点击特殊任务中的"追加股东投资"按钮,弹出相应对话框。

步骤二:输入追加额度后,点击"追加股东资金",如图 4-54 所示。

图 4-54 追加股东投资

职业判断与业务操作

一、物流沙盘教师端管理

物流沙盘教师端的系统菜单主要用来设置物流沙盘的基本信息以及经营过程控制,如账号管理、进度监控等。

1. 账号管理

点击"系统"下的"账号管理",选择需要操作的账号,进行删除或审核,如图 4-55 所示。

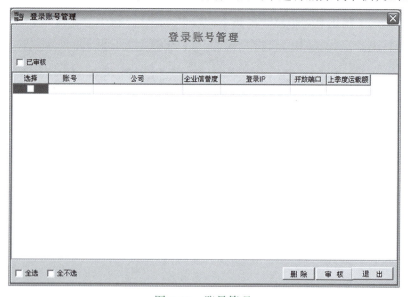

图 4-55 账号管理

2. 竞标控制

点击"系统"下的"竞标控制",或者直接点击工具栏上面的"竞标控制",进入参加续约或者参加竞标窗口,可以进行续约控制或者公开竞标控制,并可监控各小组的投标情况，如图 4-56 所示。

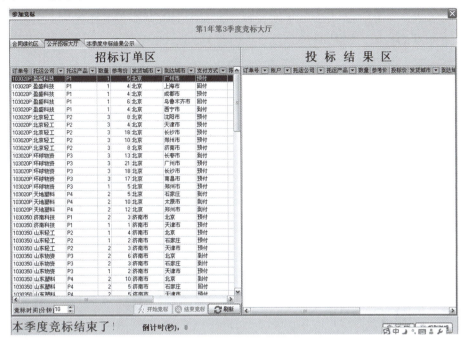

图 4-56 竞标控制

3. 进度监控

点击"系统"下的"进度监控"，或者直接点击工具栏上面的"进度监控"，选择不同的小组以查看各小组角色登录日志、任务完成情况以及资金的状况，如图 4-57 所示。

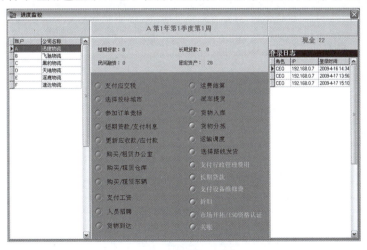

图 4-57 进度监控

4. 权限管理

点击"系统"下的"权限管理"，可以根据需要来设置是否允许一些特殊任务的操作，比如订单的转让、追加股东投资等，如图 4-58 所示。

5. 进入下一年度控制

点击"系统"下的"进入下一年度控制",当学生做完本年度任务后,由教师决定是否进入下一年度的操作,如图4-59所示。

图 4-58　权限管理

图 4-59　进入下一年度控制

二、客户端经营数据分析

1. 我的运输工具状态

步骤一：点击经营分析中的"订单信息",弹出如图4-60所示的对话框。

步骤二：如果是正在运输途中的运输工具,双击列表运输工具,弹出如图4-61所示的对话框,在左边选中要查询的运输工具,查询运载线路及相关信息。

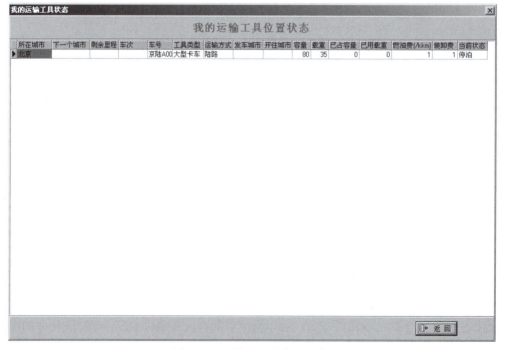

图 4-60　运输工具的位置状态

项目四 掌握流程 学会经营

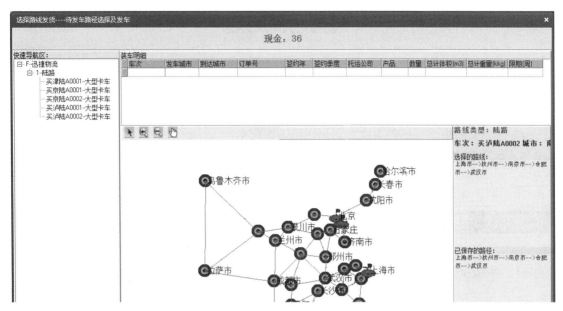

图 4-61 运输工具的运载线路

2．我的企业信息

步骤一：点击经营分析中的"企业信息"，弹出如图 4-62 所示的对话框。

步骤二：在对话框中查看当前企业的综合评价和关系列表。

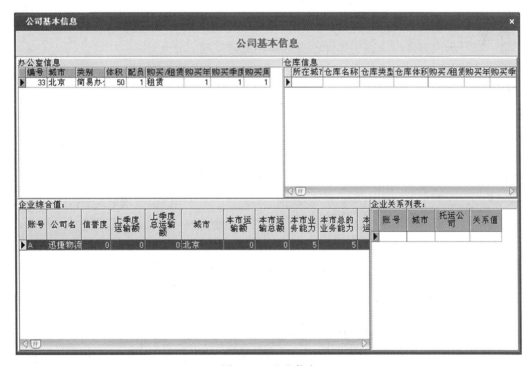

图 4-62 企业信息

思考与练习题

1. 你在团队中扮演什么角色？
2. 企业经营战略如何制定？如何评价一个企业的经营战略？
3. 资金流对企业重不重要，你在经营中遇到过企业资金流断裂吗？
4. 运输费用由哪几部分组成？如何优化运输成本？
5. 运输线路的制定要考虑哪些因素？运输线路如何优化？

扩展阅读：融合开放的现代物流体系，尽显大国风范

一、积极推进"双循环"战略

2020年5月以来，习近平总书记提出并多次强调要"加快形成以国内大循环为主体、国内国际双循环相互促进的新发展格局"。推动形成"双循环"新发展格局，是未来一段时期经济发展的首要任务，也是"十四五"时期物流改革发展的着眼点。

为认真贯彻"双循环"战略布局，物流供应链能力和体系建设是重中之重，即要构建商流、物流、信息流和资金流的整体融合，形成整体的供应链体系，强化供应链的整体构建，从而实现社会成本整体降低，社会经济整体增长。

首先，不断提升国内制造业的能力和水平，从制造业大国向制造业强国转变，不断拉动内需，满足国内国际供应，为国际供应链构建奠定基础。

其次，不断强化物流链建设，中共中央、国务院印发的《国家综合立体交通网规划纲要》中明确规定："国内1天送达、周边国家2天送达、全球主要城市3天送达"的物流总体要求，这是实现"双循环"战略布局的重要支点。目前，国家正在大力建设的物流设施工程，在运力和物流节点上将会进一步提升。同时，投资建设以港口群为核心的国际物流供应链枢纽，未来全球枢纽性的国际航运中心、国际空运中心、国际金融中心、国际贸易中心等将在我国大量涌现。

再次，保障供应链信息流的畅通，物联网、大数据、5G网络、云计算、人工智能、区块链、智能装备等技术成为物流供应链体系核心科技，同时引发交通运输和国际物流供应链的革命性变化。

最后，打造便捷畅通的金融服务体系，不断提升物流服务的速度，为物流企业的发展提供资金保障。

二、"一带一路"倡议下的国家物流发展

"一带一路"（the Belt and Road，B&R）是"丝绸之路经济带"和"21世纪海上丝绸之路"的简称。2013年9月，习近平总书记在哈萨克斯坦纳扎尔巴耶夫大学发表演讲，提出

了共同建设"丝绸之路经济带"的畅想；同年 10 月，习近平总书记出访东盟，提出共同建设"21 世纪海上丝绸之路"。这二者共同构成了"一带一路"倡议。通过与"一带一路"沿线国家的国际合作，在开放包容、政治互信的基础上实现国际经济合作，构建命运共同体。

"一带一路"的发展需要以物流的发展为基础，但是从地理空间上来看，"一带一路"跨度大，覆盖范围广，而且其中大多数国家属于发展中国家，这对正在成长中的我国物流来讲既是机遇又是挑战。2015 年 3 月 28 日，国家发展改革委、外交部、商务部联合发布了《推动共建丝绸之路经济带和 21 世纪海上丝绸之路的愿景与行动》。

1. 不断完善港口布局建设

我国在"21 世纪海上丝绸之路"已经布有多个港口，并直接参与港口的运营管理，它们分别是希腊的比雷埃弗斯港、吉布提的吉布提港、巴基斯坦的瓜达尔港、斯里兰卡的科伦坡港和汉班托塔港、缅甸的皎漂港。在铁路方面，2017 年我国在国外的轨道建设项目有着质的飞跃，在其他国家的眼里，"中国制造"不单单只是"走出去"与"模仿跟随"，而是将过硬的"中国标准"融入轨道建设当中。我国与"一带一路"沿线国家共同加速推进雅万高铁、亚吉铁路、蒙内铁路等项目，规划实施一大批互联互通项目。

2. 强化业务互联

2020 年 12 月 16 日，长三角"一带一路"国际认证联盟成立，该联盟充分利用长三角地区物流区位优势和技术优势，着力推动政策支持一体化、管理机制一体化、平台信息一体化，不断推进"一带一路"国家的业务互联，提高了国际物流服务速度，提升了国际物流服务标准。由联盟发起机构共同打造的"一带一路"认证信息服务平台，是秉承共商、共建、共享原则，依托长三角检验检测认证行业优势，以服务进出口贸易便利化为目标的创新型公共服务平台，打破了技术壁垒，实现了互联互通，营造了高效便捷的货物和服务进出口贸易国际环境。

3. 多式联运、创新发展

"一带一路"沿线国家交通形式多样，各国运输基础不同，海运成本低、时间长，铁路运输受制于基础设施建设，航空运输速度快、成本高，多式联运将是未来"一带一路"物流业务主要的运输方式，因此需要"一带一路"沿线国家加强基础设施共建共享，加强多式联运规则标准化，从而提升物流速度和服务水平。

我国作为"一带一路"的发起国，对"一带一路"多式联运建设做了整体布局与规划，建立了"辐射式的物流服务网络"，统筹实施"四大板块"和"三个支撑带"的组合拳。

项目五
实践经营　提炼技巧

任务一　企业战略管理

任务目标

- 了解企业战略的重要性。
- 熟悉战略管理的相关方法。
- 掌握战略管理的分析工具。
- 掌握企业决策管理方法。

任务介绍

每个公司以第三方物流企业经营环境为背景，在同一市场环境、同样规则下相互竞争与发展。物流沙盘模拟的企业是一个新创办的第三方物流运输企业，目前公司总部设在北京，从事北京地区的货物运输业务。企业初始拥有100M的资金。公司希望以北京为起点，发展客户，获取利润；然后逐步面向全国，开拓华东、华北、华南、西北等地区的市场，通过建立办事机构、库房，购买车辆等方式不断开拓城市，优化自己的物流线路，扩大运输规模；采用现代化管理手段，努力提高物流效率，引导企业向良性健康的方向发展，把企业做大做强，发展成为国内的知名物流企业。公司战略方向是做可持续发展的、领先的第三方物流企业。在此，通过物流沙盘比赛战略分析的方式介绍物流公司战略管理的重要性。

任务分析

在沙盘模拟过程中，学生经历了一次从理论到实践再到理论的上升过程，能全面深刻理解战略管理、市场营销策略、现金流预测与财务管理的含义及全面经营管理的重要性；学会对财务报表的分析与运用，调动资金、控制成本及效益，构建有效的市场体系与销售体系，准确把握最佳盈利机会，从而实现效益最大化。

通过沙盘模拟课程可以进一步提高长期规划能力及决策能力，理解战略决策对企业经营的影响力，加强与各部门之间的沟通技能，增强与其他部门的沟通能力，演练团队决策，寻求不断提升组织绩效的管理改进路径，学习不同形式的管理改进方法，树立持续改进的管理思想，理解并学会培养团队协作效应，从而提高经营管理经验。

知识准备

一、物流企业战略管理思想

企业发展战略研究要建立在对企业宏观环境与微观环境的科学评价的基础之上。企业宏观环境包括政治法律环境、经济环境、技术环境、社会文化环境和自然环境，企业宏观环境的变化对企业制定发展战略的影响是非常显著的，例如当前中国经济体制改革的目标模式是建立社会主义市场经济体制，众多的国有企业面临转型的问题。企业的微观环境包括行业性质、竞争状况、消费者、供应商、合作企业及利益集团等方面，企业微观环境是企业生存与发展的具体环境，是企业日常经营所要关心的外部客观因素和条件，企业只有掌握了微观环境的信息才能及时对其变化做出反应。物流企业沙盘中的战略管理主要是对物流企业的微观环境进行分析而做出的战略决策。

1. 竞争位势理论

1980年，以迈克尔·波特（Michael E. Porter）为代表的哈佛学派提出了竞争战略理论，并逐渐成为当时管理的主流。其理论核心是以企业竞争者、购买方、供应方、替代产品、潜在竞争者五种产业结构力量形成的竞争力量模型，即"波特五力分析模型"。波特认为，企业制定战略与其所处的市场环境是高度相关的，并且最关键的因素是企业所在的产业。五种竞争力量的综合作用随着产业的不同而不同，其结果是使不同产业或同一产业在不同发展阶段具有不同的利润水平，进而影响着公司战略的制定。也就是说，产业的吸引力和企业在市场中获取的位势是企业竞争优势的主要来源，为了保持这种优势，企业必须不断地进行战略性投入以构筑行业壁垒，保持优势位势。

2. 资源基础理论

"波特五力分析模型"忽略了对企业内部的挖潜，因此，以杰恩·巴尼（Jay B. Barney）、理查德·鲁梅尔特（Richard P. Rumelt）为代表的资源基础理论学派对此进行了猛烈的回应。资源基础理论学派形成了一个分析企业内部资源分配和使用的框架，即以"资源—战略—效益"的逻辑关系制定企业的战略。该框架表达的中心思想是：企业竞争力的差异是由战略的差异，或者更进一步说是由企业资源的差异来解释的，是一个从资源到战略再到竞争力的因果关系。而且巴尼认为，对企业的竞争力而言，只有战略性资源是有用的。而战略性资源必备的特征是：有价值、稀缺、不完全模仿、不完全替代，即从性质上讲战略性资源只能是异质的、不完全流动的。

3. 动态能力理论

1997 年，大卫·蒂斯（David J. Teece）为弥补资源基础理论的不足，提出了动态能力理论。这套战略管理理论把企业的资源分为四个层次：①公共资源。它是企业购买的生产要素和获得的知识。②专有资源。如商业秘密、专利技术这些无形资产，它们属于战略性资源。③组织与管理能力。它是指能让企业的生产要素与专有资源有机地结合起来的组织与管理能力，这是企业在长期生产经营过程中积累形成的一种无形资源。蒂斯认为，正是企业的这种能力大幅度地降低了交易费用，而科斯交易成本理论中企业代替市场降低的交易费用只是很小的一部分。而且，这种资源是企业竞争优势的主要来源。④创新能力。动态能力理论认为，针对当今高新科技产业的飞速发展和瞬息万变的市场环境，企业必须具有创新能力，创新能力是企业发展最为关键的能力。

二、物流企业战略管理思想的综合运用

企业如何成长的问题也是三种理论争论的焦点。竞争位势理论认为，对利润的不断追求是企业成长的动力。它强调企业必须不断地增加战略性投资来维护其垄断地位，同时在垄断利润逐渐趋向零的现实下，企业又不得不选择新的发展领域，实行多元经营。在资源基础理论中，企业成长的动因被认为是企业本能的一种反应。在企业行政管理框架下，生成性资源在使用过程中与企业专有资源结合产生生产性活动，而生产性活动发挥作用的过程则推动企业经营知识的积累，为企业造就更多专有资源打下基础，从而获得更多的利润，企业有了内在成长动力。动态能力理论摆脱了"资源"分析的定势，认为企业的成长动因是企业类似于"人"的主观能动反应。动态能力理论同样赞成资源基础理论的企业内生动力观，但因为经济不断进化，本能的反应是远远不够的，外部环境的不断变化迫使企业必须不断地进行能力创新。因此，环境的压力和企业的能动学习，使企业不断获得创新利润，这成为企业成长的动力。

战略管理理论的发展过程实质上是企业管理的战略性与经济性相互争论的过程，竞争位势理论强调战略性，而动态能力理论强调经济性。对于企业而言，市场竞争其实有

两类：一类是自然竞争，一类是战略竞争。自然竞争是缓慢、渐进的过程，按照"优胜劣汰、适者生存"的规律进行着，因此企业只有满足经济性要求，才能在自然竞争中获得永久发展；而战略竞争是指企业主动地集中优势资源、抢占先机、压缩自然竞争时间，迅速改变力量对比，因此战略性比重大一些。但自然竞争是一切竞争的基础，也就是说，只有"优等企业"才能长久生存下去，战略竞争应建立在自然竞争的基础之上。因此，企业管理的战略性和经济性是两个重要内容，但经济性更应该是基础。对于我国企业，若过分强调市场占有和竞争位势，各大企业竞相挑起价格战，以图以短期的损失获得长远垄断优势的做法，虽然可以按照优胜劣汰的市场规律淘汰掉劣势企业，但优势企业也会被拖垮。我国彩电行业过去的状况就是一个十分恰当的例子。因此，企业管理应兼顾战略性与经济性，以经济性为本。

三、战略分析的 SWOT 方法

SWOT 分析法又称为态势分析法，它是由旧金山大学的管理学教授海因茨·韦里克（Heinz Weihrich）于 20 世纪 80 年代初提出来的，其基础是"波特五力分析模型"。它能够较客观而准确地分析和研究一个企业的现实情况，是制定企业战略常用的方法之一。SWOT 中四个英文字母分别代表：优势（Strength）、劣势（Weakness）、机会（Opportunity）、威胁（Threat）。从整体上看，SWOT 可以分为两部分：第一部分为 SW，主要用来分析内部条件；第二部分为 OT，主要用来分析外部条件。SWOT 分析法的基本思路和评估方法如图 5-1、图 5-2 和表 5-1 所示。利用这种方法可以找出对自己有利的、值得发扬的因素，以及对自己不利的、要避开的因素，发现存在的问题，找出解决办法，并明确以后的发展方向。根据对内部环境的优势与劣势及外部环境的机会与威胁的分析，企业可以做出一个适合自身特点的战略选择。

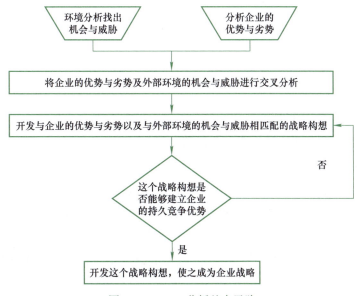

图 5-1　SWOT 分析基本思路

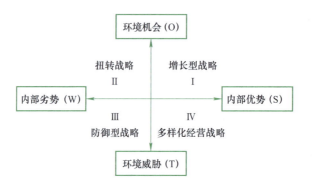

图 5-2　战略地位评估矩阵

表 5-1　SWOT 矩阵分析表

战略选择 外部因素 \ 内部因素	优势（Strength） 1. 2. 3. 4.	劣势（Weakness） 1. 2. 3. 4.
机会（Opportunity） 1. 2. 3. 4.	S+O 战略选择 1. 2. 3. 4.	W+O 战略选择 1. 2. 3. 4.
威胁（Threat） 1. 2. 3. 4.	S+T 战略选择 1. 2. 3. 4.	W+T 战略选择 1. 2. 3. 4.

四、物流企业主要决策方法

1. 成本主导的精益物流

精益物流是指运用多种现代管理方法和手段，以社会需求为依据，以充分发挥人的作用为根本，有效配置和合理使用物流企业资源，最大限度地为企业谋求经济效益的一种物流经营管理理念。精益物流的目标是根据顾客需求，提供顾客满意的物流服务，同时追求把提供物流服务过程中的浪费和延迟降至最低限度，不断提高物流服务过程的增值效益。

精益物流战略的目标是用较少的资源，如人力、空间、设备、时间来进行各种操作，有效组织物料的流动，杜绝浪费，使用最短的前置期，使库存和成本最小化。

精益物流战略寻找出消除浪费的途径，典型的方法是对目前的操作进行详细分析，然后取消不增加价值的操作，消除耽搁，简化过程，降低复杂性，提高效率，寻找规模经济，节省运输费用，除去供应链中不必要的环节。

2. 服务主导的敏捷物流

敏捷物流的目标是对不同或变化的环境迅速做出反应，向客户提供高品质的服务。敏捷有两个方面的含义：一是反应的速度，敏捷的组织一直在检查客户的需求，对变化做出迅速反应；二是根据不同客户需求而量身定做物流方案的能力。

3. 延迟策略

传统的配送计划安排中，大多数的库存是按照对未来市场需求的预测量设置的，这样就存在着预测风险，当预测量与实际需求量不符时，就出现库存过多或过少的情况，从而增加配送成本。延迟策略的基本思想就是对产品的外观、形状及其生产、组装、配送应尽可能推迟到接到顾客订单后再确定。一旦接到订单就要快速反应，因此采用延迟策略的一个基本前提是信息传递要非常快。

实施延迟策略常采用两种方式：生产延迟（或称形成延迟）和物流延迟（或称时间延迟）。而配送中往往存在着加工活动，所以实施配送延迟策略既可采用形成延迟方式，也可采用时间延迟方式。具体操作时，常常发生在诸如贴标签（生产延迟）、包装（生产延迟）、装配（生产延迟）和发送（物流延迟）等领域。

生产延迟（或称形成延迟）：在获得客户确切的需求和购买意向之前，无须过早地准备生产，而是严格按订单来生产。

物流延迟（或称时间延迟）：在物流网络中设计几个主要的中央仓库，根据预测结果储存必要的产品，不考虑过早地在消费地点存放产品，尤其是价格高的产品，一旦接到订单，从中央仓库处启动物流程序，把物品送往客户所在地的仓库或直接快运给客户。

4. 多样化分拨策略

不对所有产品提供同样水平的客户服务，企业在同一产品系列内采用多种分拨战略。在库存地点的选择上同样可实施多样化分拨，每个存储点都包含不同的产品组合，如图5-3所示。

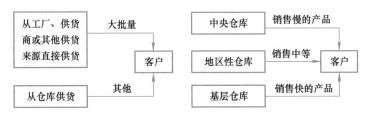

图 5-3 多样化分拨策略的物流服务

5. 集运策略

区域化集中运输：将运往某个地区的不同客户的货物集中起来运输。预定送货：与客户商定一个运送计划，保证按时送到，在预定期内有可能集中较大的运输量。第三方联营送货：由第三方提供运输服务。

职业判断与业务操作

一、物流沙盘战略选择

整个沙盘的教学过程中，物流企业经营过程涉及诸多环节，且各环节之间存在互相制约的关系。在模拟经营过程中学生们将遇到企业经营中常出现的各种经营困境，甚至出现恶性循环，如市场预测失误、市场开发计划偏差、仓储策略失误、产生超额运输费用、利润减少、资金短缺、企业规模受阻、所有者权益减少、银行信誉下降、银行贷款受阻、企业破产等，因此，做好长期可持续发展的战略选择非常重要。

1. 企业发展战略选择

每个物流企业均从北京市场开始，逐步向全国物流市场发展，未来的发展是实行运输方式多样化战略还是实行专业化战略，是实行全国市场统一全面开发还是开发重点区域市场，都是两难的选择。

如果实行多样化战略，则必须开发其他不同区域市场，从而实现企业利润最大化，但需要在第1、2年投入较多市场开发费用和办事处建设费用。一方面，现金变少，影响现有的运输组织；另一方面，一旦和其他企业之间开发重合，就会发生激烈的竞争。

如果实行专业化战略，企业将集中精力开发某些区域市场，提高自己的核心竞争力，一旦在该市场打开运输后，就能够在该区域市场获得较好的商誉，能够以比较合理的价格获得老客户的订单，满载而归。但是该战略的致命缺点是，如果开发的市场和产品与其他企业重合，就会在该领域引发白热化的竞争，导致企业虽然客容量和车辆运输能力充足，但却无法获得足够保本的销售订单，而如果在其他区域市场又没有任何利润点的话，最后的结果只能在激烈的竞争中被挤出市场。

避免遇到这个困境有以下方法：第一，根据逐年的市场容量准确预测不同市场的运输容量，做好销售预测，以需定销，积极适应和开发市场。第二，在市场中找到最合理的定位，准确获得竞争对手的情报信息，采取避重就轻的策略，准确把握市场漏洞，充分利用机会，使每一笔广告费和办事处建设投入都最大限度地体现其价值。

2. 长期的财务规划

在企业经营过程中，现金的短缺和周转困难始终是限制企业发展的瓶颈。尤其是第2年，由于企业规模扩大和应收账款增多，使得企业在仓库的购买或者租赁、新市场的开拓等方面均受到限制，削弱了企业增长潜力。在这个阶段之前要留意资金流是否正常，要合理规划资金使用，力争使已有的企业资源得到最大化利用，例如在第2年开始时，注意观察其他队伍的操作，将有限的资金投入到冷门市场的开发上，获得一定的运输量。其次要严格做好预测分析，制定合理的投资决策方案，如经营第1年时，应当做好第2、3年的预算，如预料到第3年资金不足，就应将开发新市场的时间推后，以便利用这部分资金来购买车辆或者租赁仓库。再有就是合理增加现金流，比如通过应收款贴现、仓库出售或抵押、理性的长短期贷款乃至短期贷款的形式增加现金流，渡过难关。

3. 成本控制

物流企业的成本是衡量企业经济效益的重要指标，因此，在经营过程中，成本过高或成本预测不准确都将造成不利的影响。经营过程中有利息、折旧、租金、维护费、产品开发费、市场开拓费、行政管理费等费用，很多学生发现辛苦经营下来却总是亏本，其原因在于没有准确核算出企业的成本，解决困境的关键就是物流成本控制。

第一，准确核算。准确核算成本的重点在于结合物流企业未来的决策方向，采用 ABC 成本控制方法，综合考虑各方面成本，尽量减少核算过程中的疏漏，并对核算出来的成本进行全过程、全方位控制，减少资金占用。

第二，重视企业长期发展战略的制定。编制准确的仓库采购策略，根据准确预计的销量按商品品种分别编制仓库采购计划，具体到什么时间段需要多少数量的何种商品，以及考虑到采购提前期和仓储管理费用。通过缜密的库存物资规划，企业就能够在正确的时间配置合理等级的运输工具，将库存物资出库，在满足企业需要的情况下达到利用率高、周转量大的出库目标。

二、物流沙盘操作策略

物流沙盘模拟一个物流企业的经营管理，就像真实企业运行一样，企业团队的成员需扮演不同的角色来支撑这个虚拟物流企业运行。在一个物流沙盘企业中有四个角色，每个角色都担当着很重要的任务，团队成员选择合适的角色也是企业经营成功的关键，可以在训练过程中找到适合自己扮演的角色。

首席执行官（CEO）的角色：首席执行官是沙盘模拟企业的最高领导。扮演好这个角色，首先可以在组织能力、协调能力和领导能力方面得到锻炼；其次可以在物流企业经营的各方面知识上，得到一个很好的强化，因为首席执行官要带领这个团队，物流专业知识面要广；最后，扮演好这个角色还可以培养在未来实践中自主创业的精神。

营销总监（CSO）的角色：企业的利润是由销售收入带来的，销售实现是企业生存和发展的关键，营销总监在企业中的地位不言自明。营销总监所担负的责任是：开拓市场、实现销售。在营销总监的角色扮演过程中，沟通能力将得到很大的发展，要学会市场化运作，有企业危机意识；另外，可以培养良好的市场分析能力和对市场机会的敏锐嗅觉能力。在当今诸多产品供大于求的社会环境中，营销就是企业的生命线，很多岗位规划都是从企业的营销相关工作开始。

运营总监（COO）的角色：运营总监是物流企业运作部门的核心人物，对企业的一切生产活动进行管理，并对企业的一切运作活动及服务结果负最终责任。运营总监既是计划的制订者和决策者，也是物流运作过程的监控者，对企业目标的实现负有重大的责任，其工作是通过计划、组织、指挥和控制等手段实现企业资源的优化配置，创造最大经济效益。

学生们要了解和熟悉物流企业运营总监在企业的作用和地位，了解物流企业运营总监的职责。扮演好这个角色可以在物流企业运营关键技能方面得到很大的锻炼和提高，例如：运作和监督物流关键业务流程，规划企业运输能力，优化运输路线，制定货物分拣方案、车辆配载计划、货物中转计划、车辆调度计划、仓储能力计划等。

财务总监（CFO）的角色：在企业中财务与会计的职能是分离的，他们有着不同的目标和工作内容。会计主要负责日常现金收支管理，定期核查企业的经营状况，核算企业的经营成果，制定预算及对成本数据的分类和分析。财务则主要负责资金的筹集、管理，做好现金预算，管好、用好资金。在物流沙盘中，将其职能都归并到财务总监，其主要任务是管好现金流，按需求支付各项费用、核算成本，按时报送财务报表并做好财务分析；进行现金预算，采用经济有效的方式筹集资金，将资金成本降低到较低水平。

选择财务总监角色，可以更好地通过物流沙盘模拟来了解财务总监的义务和职责。另外，因为物流专业的学生不是财务相关专业的学生，要扮演好这个角色，需要补充财务知识，以此为契机，增加对财务的兴趣，以后也很可能会选择财务作为他们的职业发展方向。

以下是一些同学在物流沙盘操作训练中的心得体会，供大家学习和思考。

CEO 也就是操盘手，操作速度一定要很快，在操作订单时，把握好经营时间内订单极限数，切不能超时。当订单出现混乱时应尽快反应，对另外三名队员要分配好任务，假如决策时出现不同意见，CEO 应当机立断，做出决定，拿出最好的决策往下执行，不要浪费过多的时间去讨论。

CSO 应把握好市场开发时机，做哪个城市需提前开发，有需要开发两次的要算好从哪一季度开始开发，记住每个季度新开发的城市。

COO 对所有订单应安排好路线，不要太分散，周期不够的要舍掉，安排好最佳路线，配载最佳车辆，尽量减少经营成本。

CFO 的任务也很重要，要时刻留意资金的变化，每个季度除应有支出外，一定要保证好运营本钱，保证资金不能断流，这是最重要的。避免由于计算失误而让公司破产，当然，财务也可以根据权益利润来计算估测对手实力，做到知己知彼。

对于物流沙盘的操作，不只有一种策略，当然，不管是哪一种策略，都必须要有属于自己的市场，所以要学会抢占市场。

1）抢占市场要讲究技巧。当城市第一次开发时，大城市业务能力要占总能力的一半，然后实行压价，一般都是赔本做的，为后面订单的续约打好基础。第 2 季度时签了续约，就可以打乱别人的路线方案，这种情况下自己就在市场占上风了。

2）小城市一般投入的业务能力都不是很大，一般投入一个"初级经理"的能力再压价就能占下市场。若只有属于自己的一个大城市是不够的，一定还要占几个小城市。以大城市为主，小城市为辅，这样才能挣到利润，单做大城市赢利是不大的。假如想拿下两个大城市，需要投进很大的本钱，所以不能太冒险，要有守旧路线，特别是不能一直赔本往下做，要抓住赢利的机会。

3）不能连着两个季度攻两个大城市，短贷多了长贷就会少，短贷多了还贷时间近了，就会有风险，一定要算好，不要以为在前面投进太多本钱后期就能挣回来，也要重视续约以外的单子，避免让别人钻空子反扑一把，又把城市抢回去，那样损失就大了，后期缓和过来的时间也会延长，要学会在激烈的竞争中生存。

4）每次参加订单投标时要把握好价格，投标完成后，也许变动会很大，要尽快整理出新的路线并执行，花太多时间就会超时减权益，这就要有很好的应变能力，不能慌，不管有什么变动，一定要沉稳面对，最后需要留意的就是，一定不能让对手扰乱了自己的思路。

5）在竞争很激烈时，有一种最为保守的方案，就是一开始不做订单，放开城市让对手来竞争，最后再进市场。保守的做法，也许会在后期把城市反拿过来，虽然这种策略能在前面激烈的竞争中生存下来，但信誉度不高。这种方法虽比较稳妥，但不是最好最受欢迎的方案，因为在后面做订单时还是要考虑信誉度的，所以，在不得已的情况下不支持这种策略。

6）当一个城市订单变动很大时，该舍就舍，别再继续往下做，不然会一直赔本，一定要及时地舍掉。若想缩小和对手之间的分数差距，可以不完全舍掉，这样对手不会抬价来做，利润也就不大，这样差距会小一些。有时大城市若真的占不下来，可以舍掉来攻小城市，攻下的城市越多越好，一些相邻的城市如石家庄、天津和济南，合肥、南京和杭州，武汉、南昌和长沙等形成的一些小区域的城市组合，也是攻占的目标。

7）每个季度第1周用完仓库再退掉，只减一个权益，不扣工资。有的城市单做是不挣钱的，可以和别的城市一起做，就是有点麻烦，可是能挣钱，实际训练时可以分析比较。

8）总的来说，所有订单第3年是最赢利的，前2年城市稳定下来时，第3年要多挣权益，这些都要把握好，根据团队的需要，选择最适合自己的方案策略，为团队赢得最大的权益利润，赢得最高得分。

沙盘训练要注重团队合作与沟通，要具有良好的反应速度，要把握好市场资金的使用，这三点是物流沙盘模拟比赛中最重要的。

沙盘模拟训练中要注重学生制订企业经营计划的能力，比如要在合适的时间发运货物才能保证按时交付，应付账款适时到账才能保证企业资金流不断裂。沙盘模拟训练重点在于培养学生的综合能力，比如对物流业务及流程的掌握属于技术能力，小组成员分工明确、有效配合属于人事能力，经营过程中的营销方案制定、物流网点搭建、运输车辆调度等活动培养的是学生的规划决策能力，总结在模拟对抗中的得与失、战略战术上的利与弊体现了沙盘练习者的认识能力，等等。

思考与练习题

1. 你所在的团队为公司制定了什么样的战略目标？具体经营策略是什么？
2. 有人说，物流只是"必不可少"，而不是战略性的，你是如何看待这个问题的？
3. 精益物流与敏捷物流各自的侧重点在哪里？它们"水火不相容"吗？

任务二　营销方案设计

任务目标

- 了解物流市场营销环境的组成。
- 熟悉企业、竞争者、顾客、公众分析要点。
- 掌握波特五力分析模型的原理。
- 掌握物流电子沙盘市场预测、市场开拓与投标操作技巧。

任务介绍

物流沙盘模拟中某个第三方物流企业拥有100M初始资金，现需要通过市场需求分析，做好未来三年的市场开拓规划，通过招投标方式在激烈的竞争中抢夺客户订单，将企业业务范围扩展到全国。

（1）通过查看市场预测图，填写部分城市分季度运输额预测表（见表5-2）。

表5-2　运输额预测表

时间 城市	第1年 第1季度	第1年 第2季度	第1年 第3季度	第1年 第4季度	第2年 第1季度	第2年 第2季度	第2年 第3季度	第2年 第4季度	第3年 第1季度	第3年 第2季度	第3年 第3季度	第3年 第4季度
北京												
上海												
天津												
武汉												
广州												
成都												
长春												

（2）通过查看市场预测图，填写各城市开放时序表（见表5-3）。

表 5-3　城市开放时序表

时间＼开放城市	北京市	华东区	华南区	华中区	华北区	西南区	西北区	东北区
第 1 年第 1 季度								
第 1 年第 2 季度								
第 1 年第 3 季度								
第 1 年第 4 季度								
第 2 年第 1 季度								
第 2 年第 2 季度								
第 2 年第 3 季度								
第 2 年第 4 季度								
第 3 年第 1 季度								
第 3 年第 2 季度								
第 3 年第 3 季度								
第 3 年第 4 季度								

（3）第 1 年第 1 季度若选择在北京发展，该如何制定投标计划？

任务分析

从上面的介绍中可以看出，该公司目前是一家新成立的第三方物流企业，仅有 100M 初始资金。公司需要首先在北京市场发展客户，通过精确计算运营成本和经营收益，制定投标计划，获取利润；然后通过市场预测与分析，根据各个城市开放时序表和城市分季度运输额，逐步开拓华东、华北、华南、西北等地区的市场；通过建立办事机构、库房，购买车辆等方式不断开拓城市，优化自己的物流线路，扩大运输规模，采用现代化管理手段，努力提高物流效率，引导企业向良性健康的方向发展，把企业做大做强。

知识准备

一、市场营销环境

市场营销环境是相对于企业的市场营销活动而言的，那么如何理解企业的市场营销环境呢？菲利普·科特勒（Philip Kotler）指出："企业的营销环境是由企业营销管理职能外部的因素和力量组成的，这些因素和力量影响管理者成功地保持和发展同其目标市场顾客交换的能力。"他还提出："市场营销环境就是影响公司的市场和营销活动的不可控制的参与者和影响力。"简言之，市场营销环境是指与企业市场营销有关的，影响产品的供给与需求的各种外界条件和因素的总和。

企业市场营销环境的内容广泛而复杂，不同的因素对营销活动各个方面的影响和制约也各不相同。根据各种因素对企业开展市场营销活动的作用范围和影响程度，可以把市场营销环境分为宏观市场营销环境和微观市场营销环境两大类。宏观市场营销环境是指对企业开展市场营销活动产生影响的各种社会力量，这些因素或力量可归纳为政治、法律、经济、人口、社会、文化、科技、自然八大类，有时也简记为PEST；微观市场营销环境是指与企业紧密相连直接影响企业营销活动的各种参与者，包括供给者、营销中介、顾客、竞争者、公众以及影响营销管理决策的企业内部各个部门。

二、微观市场营销环境

微观市场营销环境由企业及其周围的活动者所组成，直接影响着企业为顾客服务的能力。它包括企业、竞争者、顾客以及公众等因素。

1. 企业

企业营销是一个系统的管理过程，营销职能在企业中占主导地位，发挥综合协调作用。企业营销活动由企业内部各部门分工合作、密切配合、共同承担，绝不是营销管理部门的孤立行为。企业内部的环境力量包括计划、财务、采购、生产、研究和开发、营销管理部门及最高管理层。企业的营销主体依靠上述部门的支持和配合。原材料的供应保障，生产的均衡性及季节性调整，营销财务预算规模以及人事部门对营销人员、辅助人员的考核、激励机制，都会影响企业营销活动的效果。

按照市场营销的观念，企业各部门都必须通过自己的努力来满足消费者的需求。市场营销部门作为一个重要的职能部门，起到提供信息、营销策划、咨询服务、综合协调的作用。市场营销部门在制定营销计划和做出决策时，不仅要考虑到企业外部的宏观环境力量，而且要充分考虑到企业内部其他环境力量的协调。

2. 竞争者

竞争是商品经济运动的普遍规律，现代企业都处在不同的竞争环境中。只要存在商品经济，就必然存在竞争。竞争者是指与企业存在利益争夺关系的其他经济组织。任何企业都不可能独占某一顾客市场，即使是垄断程度高的市场，一旦存在替代品或服务的可能，就会出现竞争对手。

研究竞争者环境需要考虑多种因素。首先要对竞争者类型做全面了解，以便了解竞争对手的总体状况。从市场营销的角度来看，企业在市场上面临着四种类型的竞争者：①愿望竞争者（Desired Competitors），即满足消费者目前各种不同愿望（如娱乐、购物、旅游等）的竞争者；②一般竞争者（Generic Competitors），即满足消费者某种愿望的不同方法的竞争者；③产品形式竞争者（Product Competitors），即满足消费者某种愿望的同类商品在质量、价格上的竞争者；④品牌竞争者（Brand Competitors），即满足消费者某种愿望的同种产品不同品牌的竞争者。

其次，要了解竞争者的竞争力。竞争者的竞争能力体现在三个方面：一是企业的规模和资金、技术水平（反映企业生产数量上的竞争力）；二是企业的产品情况（反映企业在质量上的竞争力）；三是企业的市场占有率（反映企业在竞争中已取得的成绩）。

再次，要了解竞争者的发展动向（技术、产品和策略发展动向）。

3. 顾客

顾客是企业产品销售的目标群体，是企业赖以生存和发展的"衣食父母"。企业不能控制顾客与用户的购买行为，但企业能通过有效的营销活动，在顾客心中产生某种印象和形象，改变其对企业及产品的态度和看法，改善企业与顾客和用户的关系。

西方市场营销学通常是按照顾客及其购买目的的不同来划分市场类型的。这样便于深入研究各类市场的特点，更好地贯彻以顾客为中心的现代营销观念。顾客市场可以分为五种类型：消费者市场、生产者市场、中间商市场、政府市场和国际市场。每一顾客市场都各有其特点，企业营销人员应根据其特点确定不同的营销策略。

任何一种商品要引起消费者的注意和兴趣，进而吸引他们购买，从根本意义上说，取决于两个方面：一方面是其可能获得的满足，即其所得到的效用和价值；另一方面是其在得到这一满足时的必要支出，即付出的成本。两者相比较，效用大于代价，顾客就会倾向于购买；否则，就会放弃购买。离开了人们的需要，一切商品就失去了它存在的意义。需要是购买过程的动因和起点，消费者正是在需要的基础上产生购买动机与购买行为。因此，有效地开展市场营销活动，必须掌握顾客价值理论，必须对消费者需要进而对其购买动机与购买行为进行分析。

4. 公众

公众是指对企业实现其市场营销目标具有实际或潜在利害关系或影响的所有群体。

任何企业的周围，都存在着许多公众。他们虽然可能永远不会成为本企业的顾客，但对企业的营销活动却产生着很大的影响。我们这里所讲的公众环境，其范围较狭窄，主要指：媒体公众、政府公众、社团公众和社会公众。

研究公众环境，就是要处理好企业与公众的关系。因为企业的营销活动会影响到周围各种公众的利益，而公众的行为又会便利或妨碍企业实现其经营目标。因此，企业必须采取适当措施，搞好与公众的关系，让他们去影响更多的消费者。

除上述四类营销活动的微观环境因素外，作为市场管理者的工商行政、质检、技检和卫生管理部门，以及行业协会、消费者协会等，都是企业微观环境的组成部分之一，它们从不同的角度，以不同的方式制约企业的营销活动。从我国工商企业的营销实践看，大部分企业对有着直接影响的微观环境均予以高度的重视，但对有间接影响的宏观环境则重视不足。

三、波特五力分析模型

波特五力分析模型是迈克尔·波特（Michael Porter）于20世纪80年代初提出，对企业战略制定产生全球性的深远影响。该模型用于竞争战略的分析，可以有效地分析客户的竞争环境。

根据波特的观点，一个行业中的竞争，不只是在原有竞争对手中进行，而是存在着五种基本的竞争力量，这五种基本竞争力量的状况及综合强度，决定着行业的竞争激烈程度，从而决定着行业中最终的获利潜力以及资本流向本行业的程度，这一切最终决定着企业保持高收益的能力。五种力量分别是：供应商的议价能力、购买者的议价能力、潜在竞争者进入的能力、替代品的替代能力、行业内竞争者现在的竞争能力。五种力量的不同组合变化，最终影响行业利润潜力变化。波特五力分析模型如图5-4所示。

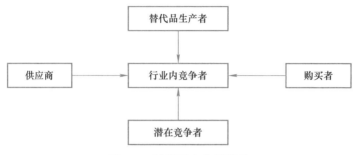

图5-4　波特五力分析模型

1. 供应商的议价能力

供方主要通过其提高投入要素价格与降低单位价值质量的能力，来影响行业中现有企业的赢利能力与产品竞争力。供方力量的强弱主要取决于他们提供给买主的投入要素，当供方所提供的投入要素其价值占买主产品总成本的较大比例、对买主产品生产过程非常重要，或者严重影响买主产品的质量时，供方对于买主的潜在议价能力就大大增强。一般来说，满足如下条件的供方集团会具有比较强大的议价能力：

（1）供方行业为一些具有比较稳固市场地位而不受市场激烈竞争困扰的企业所控制，其产品的买主很多，以至于每一单个买主都不可能成为供方的重要客户。

（2）供方各企业的产品各具有一定特色，以至于买主难以转换或转换成本太高，或者很难找到可与供方企业产品相竞争的替代品。

（3）供方能够方便地实行前向联合或一体化（产业链纵向延伸的能力），而买主难以进行后向联合或一体化。

2. 购买者的议价能力

购买者主要通过压价与要求提供较高的产品或服务质量的能力，来影响行业中现有企业的赢利能力。一般来说，满足如下条件的购买者可能具有较强的议价能力：

（1）购买者所购产品占企业产品销量的总体比重过大，无形中增加了其在商务谈判时议价的话语权。

（2）卖方行业由大量相对来说规模较小的企业所组成。

（3）购买者所要购买的基本上是一种标准化产品，同时向多个卖主购买产品在经济上也完全可行。

（4）购买者有能力实现后向一体化，而卖主不可能前向一体化。比如一家奶粉企业较容易实现收购牧场，而牧场却不容易开一家乳品企业。

3. 潜在竞争者进入的能力

新进入者在给行业带来新生产能力、新资源的同时，而市场已被行业内现有企业瓜分一空，新企业要获得一席之地，这就有可能会与现有企业发生原材料与市场份额的竞争，最

终导致行业中现有企业盈利水平降低,严重的话还有可能危及这些企业的生存。新进入企业的威胁由两方面原因决定:

(1)现有企业对新进入者的反应。预期现有企业对进入者的反应情况,主要是采取报复行动的可能性大小,这取决于有关企业的财力情况、报复记录、固定资产规模、行业增长速度等。总之,新企业进入一个行业的可能性大小,取决于进入者主观估计进入所能带来的潜在利益、所需花费的代价与所要承担的风险这三者的相对大小情况。

(2)新企业进入新领域壁垒高低与预期收益。进入壁垒主要包括规模经济、产品差异、资本需要、转换成本、销售渠道开拓、政府行为与政策(如国家综合平衡统一建设的石化企业)、不受规模支配的成本劣势(如商业秘密、产供销关系、学习与经验曲线效应等)、自然资源(如冶金业对矿产的拥有)、地理环境(如造船厂只能建在海滨城市)等方面,这其中有些壁垒是很难借助复制或仿造的方式来突破的。

进入的威胁取决于市场中进入壁垒存在的程度。进入壁垒是那些想成功进行竞争的新进入者所必须克服的障碍。进入壁垒通常会延缓潜在进入者进入市场的时机,但不会构成永久的障碍,另外,进入壁垒可能会阻止很多潜在的进入者,但不是全部。

4. 替代品的替代能力

经营企业不仅仅是与我们通常意义上的竞争对手在竞争,还有其他的若干方面,如猪肉生产厂商的竞争对手不仅仅是其他的猪肉生产厂商,还有牛羊肉生产厂商等,这些牛羊肉即为猪肉的替代品。替代品具有与现有产品或服务相似的性能,能够满足客户相同的需要。两个处于相同行业或不同行业中的企业,可能会由于所生产的产品是互为替代品,从而在它们之间产生相互竞争行为。替代品的威胁体现在:

(1)现有企业产品售价以及获利潜力的提高,将因存在着能被用户方便接受的替代品而受到限制。

(2)由于替代品生产者的侵入,使得现有企业必须提高产品质量,或者通过降低成本来降低售价,或者使其产品具有特色,否则其销量与利润增长的目标就有可能受挫。

(3)源自替代品生产者的竞争强度,受产品买主转换成本高低的影响。

几乎任何产品都有自己的替代产品,只不过替代的程度不同而已,这些替代品也最大限度地保证着任何垄断行业都不可能把产品的价格无限提高。如牛羊肉互相替代,网络电话、邮政都是电信的替代品,煤炭与石油也是高度替代品。这些替代品的存在也限制着这些垄断产品价格的提升。在替代品中最需要注意的是新技术和新产品的产生对原有需求的替代,有可能使原有的需求基本绝迹。如数码相机的产生,使胶片相片的市场需求消失。替代品价格越低、质量越好、用户转换成本越低,其所能产生的竞争压力就大;而这种来自替代品生产者的竞争压力的强度,可以具体通过考察替代品销售增长率、替代品企业生产能力与盈利扩张情况来加以描述。

5. 行业内竞争者的竞争能力

大部分行业中的企业,相互之间的利益都是紧密联系在一起的,作为企业整体战略一部分的各企业竞争战略,其目标都在于使得自己的企业获得相对于竞争对手的优势,所以,在实施中就必然会产生冲突与对抗现象，这些冲突与对抗就构成了行业内现有企业之间的竞争。现有企业之间的竞争常常表现在价格、广告、产品介绍、售后服务等方面，其竞争强度与许多因素有关。

一般来说，出现下述情况将意味着行业中现有企业之间竞争的加剧：

（1）行业进入壁垒较低，势均力敌竞争对手较多，竞争参与者范围广泛；行业内企业由于面临的同行业企业太多，而无法针对竞争对手实施市场营销策略，变为各自为战。

（2）市场趋于成熟，产品需求增长缓慢，企业间的市场竞争技术含量较低，而竞争的手段也较为单一，只能通过降低产品价格或提高营销预算做广告等方式促进销售。

（3）竞争者提供几乎相同的产品或服务，用户转换成本很低；在巨大的竞争压力下有时候企业决策层不得不采用"赌博"的方式参与市场竞争。一个战略行动如果取得成功，其收入相当可观；但一次战略决策的错误可能让企业永不翻身。企业的经营决策迫于市场压力而面临巨大风险。

（4）行业外部实力强大的公司在接收了行业中实力薄弱的企业后，发起进攻性行动，结果使得刚被接收的企业成为市场的主要竞争者；退出壁垒较高，即退出竞争要比继续参与竞争代价更高。在这里，退出壁垒主要受经济、战略、感情以及社会政治关系等方面的影响，具体包括：资产的专用性、退出的固定费用、战略上的相互牵制、情绪上的难以接受、政府和社会的各种限制等。

行业中的每一个企业或多或少都必须应对以上各种力量构成的威胁，除非认为正面交锋有必要而且有益处，否则企业可以通过设置进入壁垒（包括差异化和转换成本）来保护自己。当一个企业确定了其优势和劣势时（参见 SWOT 分析），企业必须进行定位，以便因势利导，而不是被预料到的环境因素变化所损害，如产品生命周期、行业增长速度等，然后保护自己并做好准备，以有效地对其他企业的举动做出反应。

根据上面对于五种竞争力量的讨论，企业可以采取尽可能将自身的经营与竞争力量隔绝开来、努力从自身利益需要出发影响行业竞争规则、先占领有利的市场地位再发起进攻性竞争行动等手段来对付这五种竞争力量，以增强自己的市场地位与竞争实力。

职业判断与业务操作

一、市场预测

公司的存在是以赢利为目的的。而赢利就需要寻找市场。在沙盘模拟对抗中由于订单有限，竞争会十分激烈。可见，如何通过制定合理的营销策略，以使企业在竞争中生存下来，并且不断地赢利，是每支队伍不得不做的一门功课。事实上，在物流沙盘客户端的"经营分析"中提供了"市场预测"功能，减少了队员在市场预测过程中承担的不确定性风险，但是只有原始数据是不够的，每个小组成员还应该仔细地分析这些数据，从中得到有价值的信息，这样才能对销售决策起到更大的作用。

选择"经营分析",点击"市场预测",查看市场预测图,如图 5-5 所示。

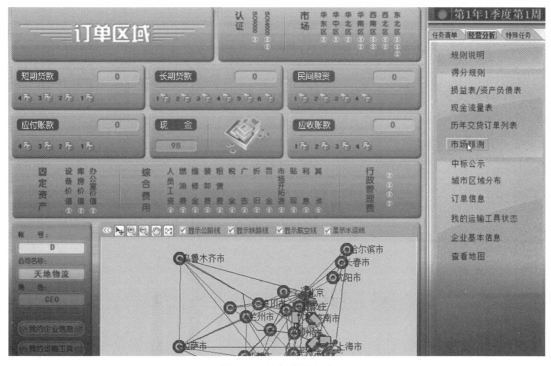

图 5-5　经营分析列表

点击"按城市统计图",选择相应的年度和季度,查看各城市货运运输额预测图,如图 5-6 所示。

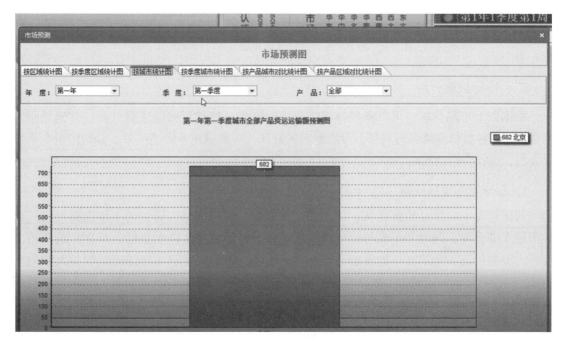

图 5-6　第一年第一季度按城市统计的市场预测图

在前 12 个季度，根据各城市货运运输额预测图，运输额较大的城市主要有北京、天津、上海、武汉、广州、成都、长春，但由于各个城市开放时序不同，12 家物流企业的竞争相当激烈，特别是第一季度，所有物流企业都集中在北京一个城市开展业务。因此，只在大城市开展业务的市场战略风险较大，很容易在激烈的市场竞争中遭到淘汰。稳健的市场开发战略是在重点做 1~2 个大城市的业务同时，积极寻找竞争程度较低的小城市及空白市场，度过经营初期资金少、竞争激烈的高风险阶段，在后期市场扩大后再进行扩张，如图 5-7 所示。

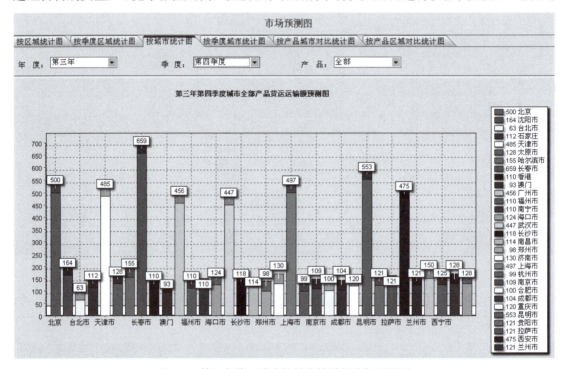

图 5-7　第三年第四季度按城市统计的市场预测图

二、投标战略分析

根据以上市场分析，可以将投标战略分成保守型、稳健型和激进型三种。首先要明确的是，这三种投标战略各有利弊，没有绝对的好坏，应根据比赛抽签结果，分析同组竞争对手实力，选择合适的战略。

1. 保守型的投标战略

若同组竞争对手是传统强队，建议采用保守型的投标战略，即在第 1 年选择只在一个城市设立办公室，同时并不参与投标和市场竞争，将运营成本降到最低，只在市场开拓上进行必要的投资，为第 2 年抢占新开市场做好准备。此战略在第 1 年结束时权益大约剩下 28M，但没有任何短期贷款和民间融资，可以在年末获得 200M 的长期贷款，长期贷款的还款期限是 2 年，可以保证在后两年的经营中拥有较大的流动资金。第 2 年开始按照稳健型或激进型的投标战略开始抢占新开城市市场。这是一种后发制人的投标战略。

虽然规则里面提到企业在某个城市能够竞投的订单数量，与其在该城市的综合评分有关,企业综合评分需高于该城市订单所要求的企业综合评分才能进行订单投标。但近几年比赛中订单综合评分均为 0 分,而综合评分的计算规则里,本企业在该城市销售人员业务能力占该城市总比例 ×100 取整占 30%,故综合评分都是大于 0 的,并不影响订单的投标,所以该战略被越来越多的队伍所使用。

2. 稳健型的投标战略

若同组竞争对手实力相当,建议采用稳健型的投标战略,即在第 1 年中选择一个竞争性弱的城市,按照规划好的投标计划,适当压低价格赚取利润,若能寻找到无人竞争的城市,则果断放弃其他城市的投标,专攻无人竞标的城市市场,抢夺续约单后长期占领该城市市场,同时继续寻找其他竞争性弱的城市逐渐扩大自己的市场份额。

该战略成功的条件下第 1 年结束时可以保持盈亏平衡,扣掉开拓市场的成本,权益在 70M 左右,同样可以获得 200M 的长期贷款,同时由于占领了个别市场的续约单,比保守型的投标战略具有更大的利润空间,但也存在着因为抢单失败而亏损的风险。

下面以第 1 年第 1 季度的北京为例,介绍稳健型的投标战略。

首先通过观察地图,发现北京往东北方向主要有沈阳、长春、哈尔滨三个城市,运输路线有公路和铁路两种,铁路仅通向长春,其中只有 5 张运往沈阳和 5 张运往长春的订单,如表 5-4 所示。

表 5-4 订单统计表

发货城市	收货城市	订单数量(张)	总运费(M)	限期(周)	总体积(m^3)	总重量(kkg)
北京	长春市	1	5	5	2	5
北京	长春市	1	5	7	1	1
北京	长春市	1	5	8	5	8
北京	长春市	1	5	12	5	2
北京	长春市	1	6	12	10	5
北京	沈阳市	1	4	7	2	5
北京	沈阳市	1	4	7	10	5
北京	沈阳市	1	4	8	5	2
北京	沈阳市	1	4	10	5	8
北京	沈阳市	1	4	12	5	1

我们将 10 张订单的体积与重量相加,可以计算出总体积为 $46m^3$,总重量为 42kkg,且北京—沈阳—长春为单一方向的公路运输线路,但目前企业可购买租赁的最大公路汽车承重是 35,容积为 80,无法装下 10 张订单的货物,而租用 2 辆汽车,第 2 辆汽车仅运送 1 张订单势必造成亏损。因此在投标时应舍弃部分订单,使货物总重量小于 35kkg,通过观察,10 张订单中最大重量为 8 的有 2 张,1 张目的地是沈阳,1 张目的地是长春,运费分别为 4M 和 5M,可以选择其中的一张舍弃,9 张订单的总重量调整为 34,就可以用一辆大型汽车装车运输了。

之后我们计算该路线的成本,租赁一辆大型卡车的租金为 5M,北京—沈阳—长春的距离为 6kkm,燃油费为 6M,同时提货费 1M,装车费 1M,办公室租赁费、经理工资和广告费暂且不计入此路线成本，那么该路线的总成本为 5M+6M+1M+1M=13M。

假设舍弃长春的重量为 8 的订单，剩余 9 张订单的基础运费总价格为 41M，可见按照基础运费价格投标的话，净利润高达 41M-13M=28M，这种路线就是我们要投标的运输路线，由于净利润较高，可以压低投标的价格空间也大。

我们再计算在盈亏平衡的条件下，每张订单的最低投标价格，即总成本 13M，除以 9 张订单，平均每张订单的最低投标价格为 1.4M，由于投标价格必须为整数，故每张订单最低投标价格为 2M，还能净赚 5M。这里解释一下为什么要平均计算最低投标价格，因为在运输路线规划的计算过程中，我们都是以假设所有订单全部中标为前提进行成本计算的，假如部分订单没有中标，为了达到盈亏平衡，每张订单的最低投标价格必须增加，否则就会亏损。所以在投标过程中，最理想的状态是该路线规划的所有订单要么全部中标，要么全不要中标，只抢到一部分的损失是巨大的，要规避这种结果的方法，就是该路线所有订单都按照同样的价格投标，不要有的高有的低，所以我们在计算每张订单的最低投标价格时采用平均数的算法。

综上所述，该路线的规划及投标价格计划如表 5-5 所示。

表 5-5 路线规划与投标计划表

投标订单	运输线路	成本	参考运费	净利润	最低投标价格
5 张沈阳 4 张长春 （舍弃重量为 8 的订单）	北京—沈阳—长春	13M	41M	28M	每张订单 2M

平时应指导学生按照这种思路，将所有 21 个城市，12 个季度的投标计划制订出来，由于比赛时订单是不会更改的，可以让选手在平时按照投标计划进行训练和操作，提升投标速度、做单速度和熟练度，争取在 7 分钟的投标限时以及后期 20 分钟的经营限时内完成更多订单的运输任务。

3. 激进型的投标战略

若同组竞争对手实力较弱，建议采用激进型的投标战略，该战略的核心就是寻找续约单利润丰厚的城市，通过超低的投标价格，亏损抢夺续约单所需的企业关系值。待获得续约单后，利用续约单及周边城市的订单慢慢弥补之前的损失，同时结合放单策略，排挤竞争对手，独占该城市后再突然提价竞标。下面以上海第 1 年第 2 季度为例，详细描述该投标战略。

首先我们分析一下上海第 1 年第 3 季度的第一次续约单（见表 5-6）。

表 5-6 续约单统计表

公司名称	发货城市	收货城市	总运费（M）	限期（周）	总体积（m³）	总重量（kkg）
上海汽车	上海市	北京	6	5	5	8
上海轻工	上海市	北京	10	6	10	4
上海科技	上海市	北京	10	7	2	2
上海塑料	上海市	北京	10	8	20	10
上海物资	上海市	北京	11	10	4	10

5 张续约单来自五家托运企业,所以想要全部得到,需要在上一季度 5 家托运企业的关系值均为最高。我们来分析一下 5 张续约单的利润,上海至北京采用铁路运输,火车租赁费 8M,5 张订单总体积 41m³,总重量 34kkg,故提货费 1M,装车费 1M,上海到北京燃油费 6M,总成本为 16M。而 5 张续约单的参考总费用为 47M,净利润为 47M−16M=31M,利润相当大,这还只是续约单本身的利润,再考虑到上海到北京附近的城市的订单,比如有一张上海到沈阳的订单,参考运费为 20M,由于其他队伍没有上海到北京的续约单,所以也不会去抢上海到沈阳的这张订单,就可以将这张订单同样装在火车上,运到北京再转公路运输至沈阳。加之后两季度的上海同样还会给出 4～5 张到北京的续约单,所以仅续约单的利润就高达将近 100M,这就决定了可以在第 1 年第 2 季度的时候,采用激进型的投标战略抢夺上海市场。

表 5-7 是第 1 年第 2 季度上海的所有订单。

表 5-7 订单统计表

公司名称	发货城市	收货城市	限期(周)	总体积(m³)	总重量(kkg)
上海物资	上海市	北京	10	2	5
上海物资	上海市	杭州市	7	2	5
上海物资	上海市	南京市	4	6	15
上海物资	上海市	沈阳市	12	2	5
上海物资	上海市	石家庄	9	2	5
上海物资	上海市	天津市	11	2	5
上海塑料	上海市	北京	11	10	5
上海塑料	上海市	广州市	4	10	5
上海塑料	上海市	杭州市	7	10	5
上海塑料	上海市	南京市	9	20	10
上海塑料	上海市	石家庄	12	10	5
上海塑料	上海市	天津市	12	10	5
上海塑料	上海市	武汉市	12	10	5
上海轻工	上海市	北京	12	5	2
上海轻工	上海市	杭州市	8	5	2
上海轻工	上海市	呼和浩特市	11	20	8
上海轻工	上海市	兰州市	7	5	2
上海轻工	上海市	南京市	5	5	2
上海轻工	上海市	沈阳市	12	5	2
上海轻工	上海市	石家庄	7	5	2
上海轻工	上海市	天津市	12	5	2
上海轻工	上海市	西安市	11	5	2
上海汽车	上海市	北京	9	10	16
上海汽车	上海市	杭州市	3	10	16
上海汽车	上海市	武汉市	5	10	16
上海科技	上海市	北京	8	2	2
上海科技	上海市	广州市	6	2	2
上海科技	上海市	拉萨市	12	2	2

因为只要保证每个托运企业一半以上的订单抢夺完成运输后，就能保证关系值最高，所以统计出 5 家托运企业的订单数量及需要抢夺的订单数量如表 5-8 所示。

表 5-8　按托运企业的订单统计表

公司名称	上海物资	上海塑料	上海轻工	上海汽车	上海科技
订单数量（张）	6	7	9	3	3
需要抢夺的最小关系值	4	4	5	2	2

根据中标规则，各企业进行投标时价格最低者中标，相同投标价的看该城市经理业务能力，后面的信誉度、营业额和投标先后不容易控制，所以想要 100% 抢到订单，首先投标价要最低，也就是 1M，其次在上海的经理业务能力要最高，也就是要高于上海总业务能力的一半。可以说，这种激进型的投标战略当季度是肯定要亏损的，为了将损失降到最小，应该考虑尽量选择同一线路的订单进行投标，通过观察，我们可以选择以下线路压价到 1M 进行投标，如表 5-9 所示。

表 5-9　路线规划与投标计划表

线路	上海物资	上海塑料	上海轻工	上海汽车	上海科技	总成本（M）	投标价为 1M 的总运费（M）	亏损（M）
上海—杭州（4）—南京（3）—天津（3）水路	3	3	3	1	0	18	10	8
上海—石家庄（3）—北京（3）公路	1	1	2（石家庄、北京）	1（北京）	1（北京）	22	6	16
上海—广州（1）—拉萨（1）航空	0	0	0	0	2	14	2	12
总计	4	4	5	2	3	54	18	36

以上投标计划的前提，是先保证你的企业在上海的业务能力是最高的，因为需要经理和办公室的数量要根据实际情况选择，故该部分成本暂不计算。以上就是以最小损失抢占上海续约单市场的投标计划，在成功抢夺续约单后，下个季度还需要结合放单策略，排挤竞争对手，独占上海市场。

三、市场开拓

在每季度末，企业可以进行一次市场开拓，需要结合各个城市和地区的开放时序表，以及各个地区开拓所需的周期，提前做好开拓计划。

选择"经营分析"，点击"市场开拓/ISO 资格认证"，查看市场开拓信息，如图 5-8 所示。

在市场开拓信息中，查看不同区域的开发周期，结合城市开放时序表，计划好市场开拓时间。例如，若想第一时间到成都开展物流业务，需要首先查看成都开放时间是第 2 年第

3 季度，而成都属于西南区，西南区市场开拓周期是 2 个季度，因此需要从第 2 年第 2 季度开始，包括第 2 年第 3 季度，需要连续开拓 2 次西南区市场，才能第一时间在成都开放时进入市场投标。市场开拓 /ISO 资格认证操作界面如图 5-9 所示。

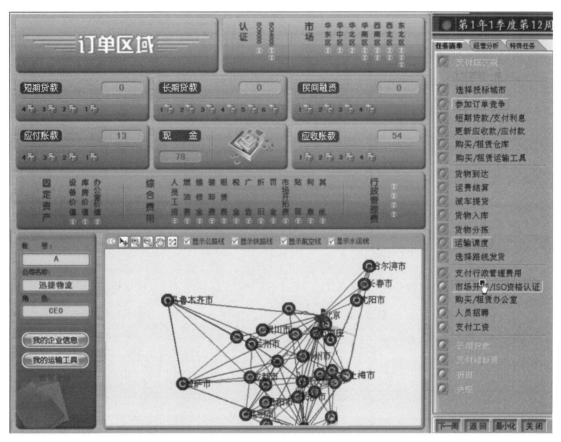

图 5-8　市场开拓 /ISO 资格认证

图 5-9　市场开拓 /ISO 资格认证操作界面

思考与练习题

1. 你所在的团队为公司制定的下一步市场竞争目标是什么？具体是开拓哪些区域，开发哪些客户？
2. 你认为制定好的投标计划需要综合考虑哪些问题？
3. 每个城市每季度的成本构成都有哪些？

任务三　物流网络规划

任务目标

- 了解企业物流选址方法。
- 熟悉仓库管理的业务流程。
- 掌握仓库吞吐量计算。
- 掌握货位分配原则以及拣选优化方法。

任务介绍

根据物流沙盘的规则，北京作为企业起步发展的城市，经过半年时间，逐步架构了北京、上海、天津以及周边的市场整体战略布局，根据现有布局逐步分析市场设置主业务城市周边的仓库布局，为应对未来一年的市场业务增长的需要，如何合理布局配送中心成为企业的主要战略规划内容。

任务分析

在沙盘模拟过程中，学生经历了开拓一线城市的艰难过程，形成初步的战略规划，还需根据市场预测分析、战略形势的变化，结合各企业间的竞争状况，分析未来的经营布局，以应对未来的市场需求变化。

请根据如图 5-10 所示的提货分批运输方案安排车辆提货和货物入库分拣，进行分区、分类储放。

项目五　实践经营　提炼技巧

	A	B	C	D	E	F	G	H	I	J	K	L	M	N
1	订单号	签约年	签约季度	限期(周)	发货城市	到达城市	运费(M)	总体积(m3)	总重量(kkg)	数量	托运公司	托运产品	支付方式	计量单位
2	302020P3_006	3	2	5	北京	太原市	4	2	2	1	环球物资	P3	到付	件
3	302020P3_012	3	2	6	北京	石家庄	2	2	5	1	环球物资	P3	回付	件
4	302020P5_004	3	2	8	北京	武汉市	5	5	8	1	首都钢铁	P5	回付	件
5	302020P1_001	3	2	9	北京	郑州市	8	2	2	2	盈盛科技	P1	回付	件
6	302020P2_007	3	2	10	北京	石家庄	2	5	2	1	北京轻工	P2	预付	件
7	302020P2_004	3	2	12	北京	天津市	2	5	2	1	北京轻工	P2	预付	件
8						合计	21		24					
9					(汽车运输)大型汽车 (运输路线: 北京-天津-石家庄-太原--郑州--武汉)									
10														
11	302020P3_001	3	2	12	北京	拉萨市	6	2	5	1	环球物资	P3	回付	件
12	302020P2_006	3	2	9	北京	拉萨市	6	5	2	1	北京轻工	P2	回付	件
13	302020P1_008	3	2	10	北京	拉萨市	12	2	2	2	盈盛科技	P1	回付	件
14						合计		9	9					
15					北京--拉萨 (铁路运输)									
16														
17	3020360P2_002	3	2	5	上海市	南京市	2	5	2	1	上海轻工	P2	预付	件
18	3020360P2_004	3	2	7	上海市	合肥市	6	5	5	1	上海轻工	P2	预付	件
19	3020360P4_001	3	2	4	上海市	武汉市	4	10	5	1	上海塑料	P4	预付	件
20						合计		20	9					
21					(汽车运输)中型汽车 (运输路线: 上海-南京(1kkm)-合肥(1kkm)-武汉(2kkm) 预计第4周到达武汉)									
22														
23	3020360P1_002	3	2	4	上海市	哈尔滨市	12	2	2	2	上海科技	P1	预付	件
24	3020360P1_003	3	2	12	上海市	长春市	12	2	2	2	上海科技	P1	回付	件
25						合计		4	4					
26	航空运输(上海-北京(5KKM))到达北京后, 汽车运输至长春(北京--沈阳(4kkm)-长春(2kkm)-哈尔滨市(2kkm)预计第五周到达哈尔滨市)													
27														
28	302020P5_005	3	2	8	北京	上海市	4	5	8	1	首都钢铁	P5	预付	件
29	302020P1_003	3	2	12	北京	上海市	8	2	2	2	盈盛科技	P1	预付	件
30						合计		7	10		火车运输(北京-上海(6KKM)预计第三周到达上海)			
31	3020360P4_004	3	2	9	上海市	澳门	5	10	5	1	上海塑料	P4	到付	件
32	3020360P5_002	3	2	11	上海市	澳门	5	2	5	1	上海汽车	P5	预付	件
33						合计		22	23					
34					海运(上海-福州(6KKM)-香港(2KKM)-澳门(1KKM)预计第九周到达澳门)									

图 5-10　提货分批运输

知识准备

一、仓库运营模式选择

仓库运营模式的选择主要从仓库的季吞吐量与运营成本的角度考虑，使仓库的整体运作成本达到最优。如果企业的吞吐量较小，考虑到存储费、搬运费和附加费用等，企业应采用公共仓库，也就是考虑委托第三方物流公司为其做仓储服务，在业务中采用"租赁"的形式。随着企业业务量的增加，货品流通量增加，总运营费用也会随之缓慢增加，而平均运营费用则会随之降低。此时，企业可以随着业务的发展，逐渐由使用人工搬运的租赁仓库向使用托盘－叉车的自营仓库，然后向自动化搬运的自营仓库转变，在业务中采用"购买"的形式。仓库运营模式分析模型如图 5-11 所示。

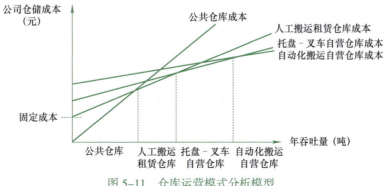

图 5-11　仓库运营模式分析模型

二、仓库建设规模确定

配送中心的总体设计首先要确定总体的规模,同时还要考虑储存时间和周转速度。进行总体设计时,要根据业务量、业务性质、内容、作业要求确定总体规模。

1. 预测物流量

预测物流量包括对历年业务经营的大量原始数据分析,以及根据企业发展的规划和目标进行的预测。在确定配送中心的能力时,要考虑物料的库存周转率、最大库存水平,确定配送中心的平均储存量和最大储存量。一般情况下仓库规模与商品储存量呈正相关,与周转速度呈负相关。

2. 考虑配送据点数量的经济性及服务能力

在总规模明确的前提下,确定设几个配送中心要考虑投资成本、运营成本与服务成本之间的平衡。配送中心运作的特点为:物流据点越少、规模越大单位投资越低,大规模处理货物也会降低物流成本;对服务成本的影响是,据点越多服务水平越高,但成本也越高;对物流成本的影响是,据点越多建设成本越高,但配送成本将因距离较近而降低。

三、仓库利用率

仓库利用率是衡量仓库利用程度的重要指标,是反映仓库管理工作水平的主要经济指标之一,它为分析仓库的实际利用效率高低、挖掘更多的潜在储存能力提供了依据,它可以用仓库面积利用率和仓库容积利用率两个指标来表示。仓库面积(容积)利用率即是仓库实际使用面积(容积)与仓库总面积(容积)之比。

提升仓库利用率有五种方法:

1. 仓库空间的规划

想要科学合理地利用仓库空间,仓库规划是不可缺少的重要环节,也是最大限度利用空间的一种重要途径。仓库的规划主要根据企业的物料、产品特性进行,包括区域划分、堆叠方式、货物标示、货物设定等。减少非必要的空间占用,进行合理规划。

2. 立体空间的使用

在仓库空间上,立体仓库的空间利用率远远大于普通的单层或货架式仓库。

3. 标准包装的使用

仓库内的每个储存仓位规划时均设定固定的长宽高,在包装货物时采用标准的包装容器,不仅可以方便货物的标示、维护、点检、运输,还能够在一定程度上提高员工的工作效率。项目实施团队可以依照不同货物规格,设计出最适合客户的仓库管理方案,帮助客户最大限度合理利用仓储空间。

4. 仓库规划要素分析

主要包括区域划分、空间利用、仓位设定、仓储方式、周转频率等。

5. 完善仓库管理制度

要提高企业的仓储管理与利用率，首先应该对其仓库管理制度进行完善。这就需要企业制定可持续完善的管理制度，制定有实用性的具体条例，实现对仓库管理人员的规范和约束，提高仓库管理人员的工作效率。除此之外，完善仓库管理制度也有助于企业整体管理水平的提高。作为企业管理工作的关键，仓库管理对企业的发展有着重要的作用。

四、储位管理

现代仓储管理与传统的仓储管理相比，更加注重仓储的时效性，是一种动态的管理，重视商品在拣货出库时的数量和位置变化，从而配合其他仓储作业，使管理者能够随时掌握商品的数量、位置及去向。

在物流沙盘软件中，仓库商品的分区分类储存是根据"去向一致"的原则，把仓库划分为若干保管区域，以便统一规划储存和保管。

储位管理与其他管理一样，其管理方法必须遵循一定的规律，其基本规律有以下三个：

1. 储位标识明确

先详细划分储存区域，并加以编号或命名，让每一种预备存储的商品都有位置可以存放。此位置必须是很明确的，而且是经过储位编码的，不可以是边界含糊不清的位置。

2. 商品定位有效

依据商品去向及装载运输工具的不同，应该为每种商品确定合适的储存策略和分配规则，例如同一个出发城市但不同运输路线的货物可以按照运输路线分区存放，同一个运输路线装载不同车辆的货物，可以再按照车辆进行分区储放，等等。

3. 变动更新及时

当商品被有效地配置在规划好的储位上之后，接下来的工作就是储位的维护。商品的位置或数量发生改变时，必须及时将变动情形记录下来，以使记录数与实物数量能够完全吻合，例如，入库错误后，重新移库时，可能影响车辆的配装。

职业判断与业务操作

在物流沙盘经营中，要力求通过仓库的汇集、中转、分发，达到全过程的最好效益。

一、提货

1. 更新应收款 / 应付款

因货物还没有到达,此时没有应收款;如果存在到期还款,此环节应更新应付款;需要短期贷款,此步骤也可进行短期贷款。

2. 购买 / 租赁仓库

本期所有货物加起来总体积为 76m³,其中北京 37m³,上海 39m³,因此租赁小型标准仓库即可,将原有仓库全部退租后,重新在有货物的城市——北京和上海,各租赁一个小型仓库,如图 5-12 所示。

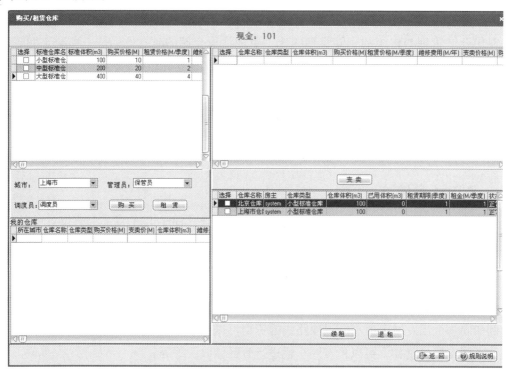

图 5-12 购买 / 租赁仓库

3. 购买 / 租赁运输工具

根据规划结果,在北京租赁大型卡车一辆(用于提货和送货),租火车两列,一列开往上海,一列开往拉萨;在上海租赁中型卡车一辆(用于提货和送货),租飞机一架,租轮船一艘。如图 5-13 所示。

4. 派车提货

货物到达,根据车辆的装载量,分两批提货。第一批运输路线:北京—天津—石家庄—太原—郑州—武汉。第二批运输路线:北京—拉萨和北京—上海。

进行货物的自提作业,即接收客户送达仓库的货物,进行提货计划。在"派车提货"系统中,按批次选中需要提货的业务单,如图 5-14 所示。

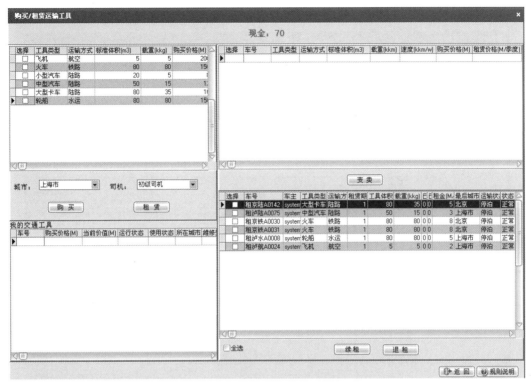

图 5-13　购买/租赁运输工具

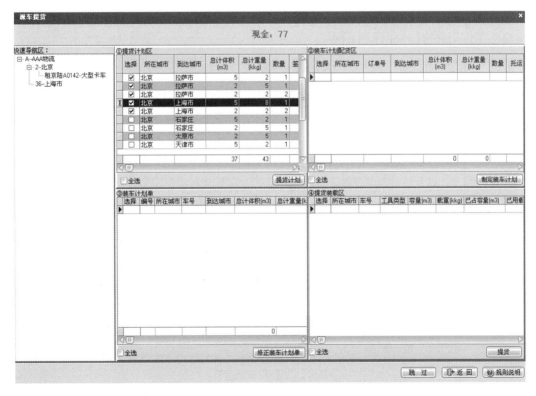

图 5-14　派车提货——选择需要提货的业务

点击"提货计划",选中待提货的业务单转入装车计划配货区,如图 5-15 所示。

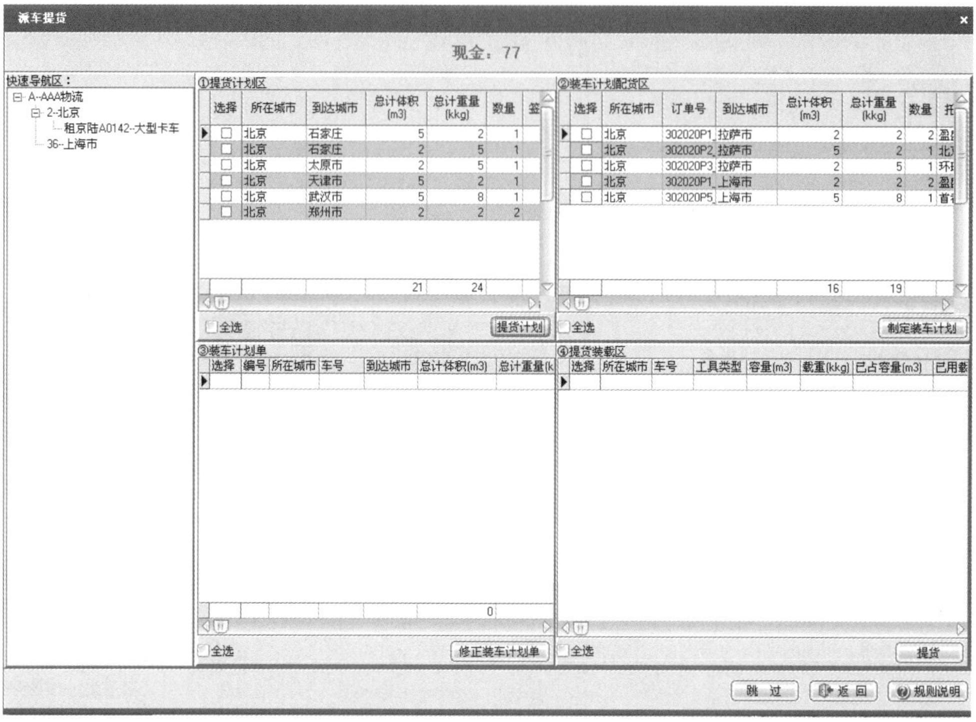

图 5-15　派车提货——制定装车计划

如果两个以上货物体积过大或重量过大,可以分别装入多个车辆进行运输,选中"业务单据",点击右键,如图 5-16 所示。

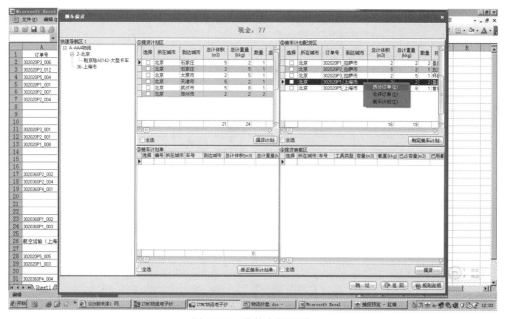

图 5-16　分装车辆运输

在右键列表中点击"拆分订单",出现"订单拆分"对话框,如图 5-17 所示。

项目五　实践经营　提炼技巧

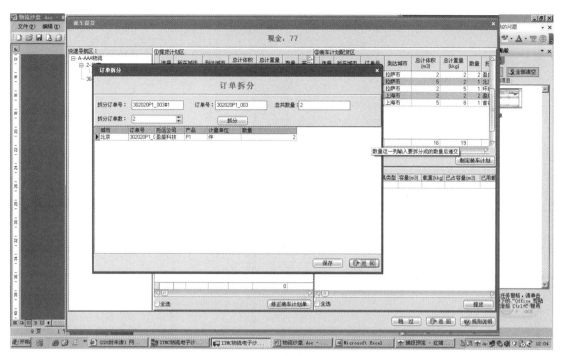

图 5-17　订单拆分

点击"拆分",选中的订单按照设定的拆分订单数进行拆分,如图 5-18 所示。注意:商品数量为 1 的订单不能拆分。

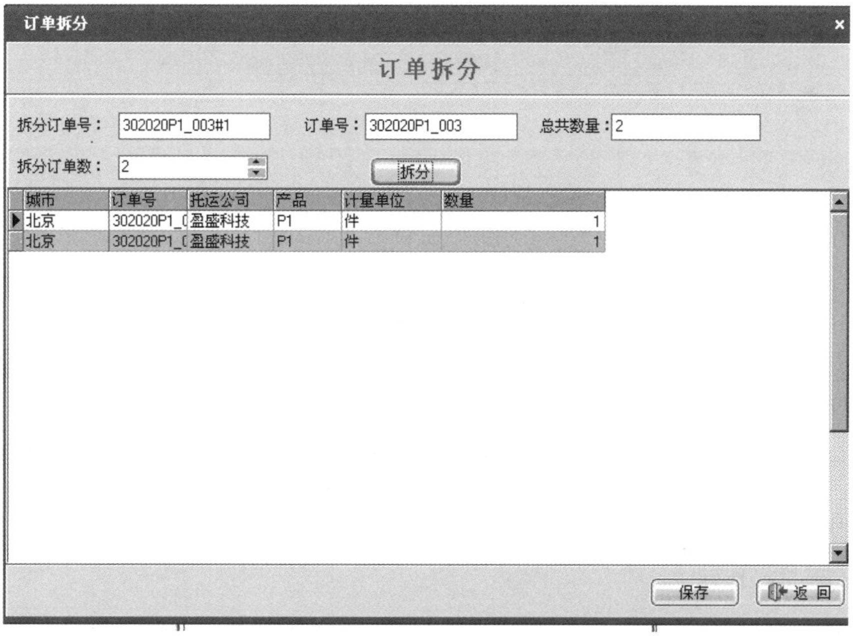

图 5-18　按拆分订单数拆分

选中需要装车的业务单,点击"制定装车计划",选中装货车辆后,相应的订单与选中装货车辆进行匹配,形成装车计划,如图 5-19 所示。

107

图 5-19 货物装车计划

选中提货车辆,点击"提货",如图 5-20 所示。

图 5-20 选择提货车辆

第二批提货操作同上。

二、货物入库

进入"提货入库"界面,如图 5-21 所示,先进行第一批货物的入库操作。分批入库可提高入库准确率和效率。

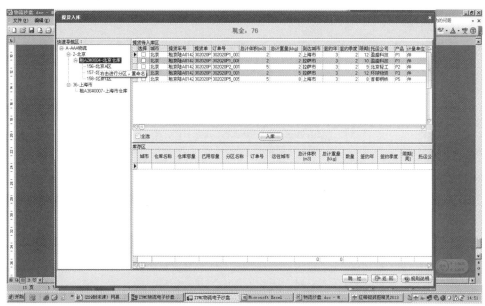

图 5-21 提货入库

按路线进行分区，并对不同的区域按路线进行命名，如图 5-22 所示。

图 5-22 仓库分区

选择业务单据，点击"入库"，系统弹出选择入库分区界面，如图 5-23 所示。

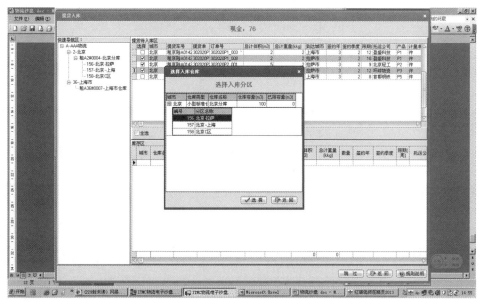

图 5-23 货物入库

选择相应区域，点击"选择"，第一批货物入库完毕，如图 5-24 所示。

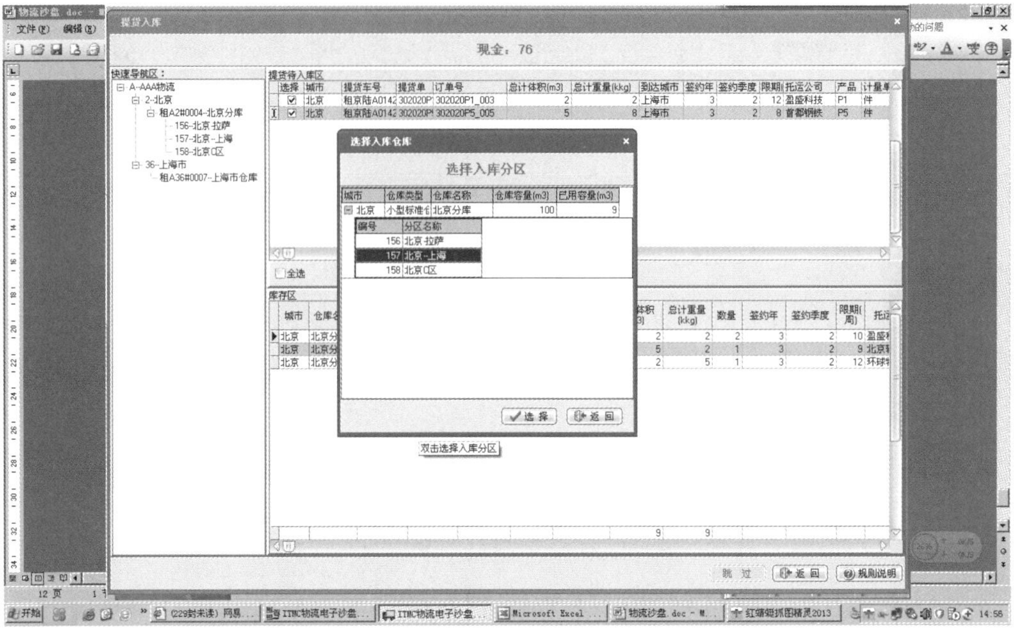

图 5-24 分区入库

其他批次货物入库操作同上，所有货物入库完成后，需要进行"检查核对"，如选择"北京－拉萨"，右下角出现该分区存储的货物信息（见图 5-25），进行最终配载方案对订单信息的核对。

其他各个区域的核对同上。

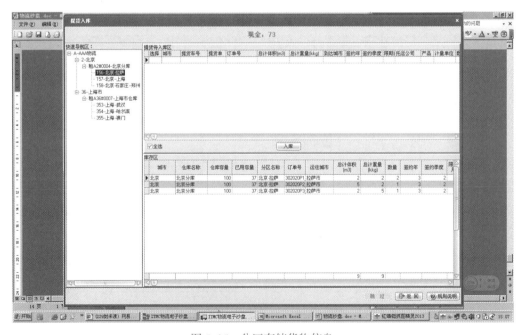

图 5-25 分区存储货物信息

如果货物入库错误，可进行调拨运输，选择需要调拨运输的订单，点击右键，如图 5-26 所示。

图 5-26　货物调拨

点击"调拨"，选择入库分区，点击"选择"，如图 5-27 所示，调拨作业完成。

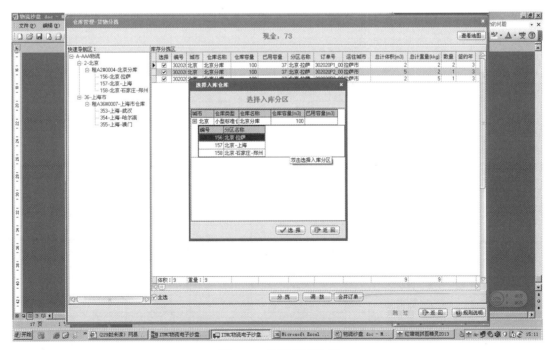

图 5-27　调拨库区选择

思考与练习题

1. 在什么情况下选择租赁仓库？什么情况下选择购买仓库？
2. 设定仓库大小的依据有哪些？
3. 仓储操作中应采用什么样的储存策略？

任务四　配载方案设计

任务目标

- 了解货物分拣的方法。
- 熟悉影响车辆配载的因素。
- 掌握车辆配载的原则和方法。
- 掌握物流电子沙盘货物分拣、运输调度操作技巧。

任务介绍

物流沙盘模拟中某个第三方物流企业在北京完成了第 1 季度的投标，在激烈的竞争中本季度获得的订单如表 5-10 所示。

表 5-10　订单信息统计表

发货城市	收货城市	限期（周）	总体积（m³）	总重量（kkg）
北京	长春市	5	2	5
北京	长春市	7	1	1
北京	长春市	12	5	2
北京	长春市	12	10	5
北京	沈阳市	7	2	5
北京	沈阳市	7	10	5
北京	沈阳市	8	5	2
北京	沈阳市	10	5	8
北京	沈阳市	12	1	1
北京	石家庄	6	10	5
北京	石家庄	8	2	5
北京	石家庄	11	5	2
北京	石家庄	12	1	1
北京	石家庄	12	5	8
北京	太原市	8	1	1

（续）

发货城市	收货城市	限期（周）	总体积（m³）	总重量（kkg）
北京	太原市	11	5	2
北京	太原市	11	10	5
北京	太原市	12	2	5
北京	天津市	4	15	6
北京	天津市	4	4	10
北京	呼和浩特市	4	20	32
北京	呼和浩特市	8	15	6
北京	呼和浩特市	9	3	3
北京	呼和浩特市	9	30	15
北京	呼和浩特市	10	4	10
北京	广州市	7	1	1
北京	广州市	9	2	5
北京	广州市	9	5	8
北京	广州市	10	5	2
北京	广州市	12	10	5
北京	郑州市	7	5	8
北京	郑州市	8	5	2
北京	郑州市	9	2	5
北京	郑州市	11	10	5
北京	上海市	7	5	2
北京	上海市	9	1	1
北京	上海市	10	5	8
北京	上海市	11	2	5
北京	西安市	3	5	8
北京	西安市	5	5	2
北京	西安市	10	1	1
北京	西安市	12	2	5
北京	西安市	12	10	5
北京	兰州市	6	5	2
北京	兰州市	11	2	5
北京	兰州市	12	1	1
北京	兰州市	12	10	5
北京	兰州市	12	5	8
北京	乌鲁木齐市	10	10	5
北京	乌鲁木齐市	11	1	1
北京	乌鲁木齐市	11	5	2
北京	拉萨市	11	2	5

目前，公司已完成派车提货，全部货物完成入库，现需要按照发往目的地城市进行货物分拣，并选择合适的运输工具，完成车辆配载方案，如表5-11所示。

表 5-11 车辆配载方案表

发货城市	仓库分区	订单目的地	总体积（m³）	总重量（kkg）	运输工具种类及数量

任务分析

车辆配载是指承运人为提高车辆运用效率，根据各类货物的装载要求给车辆配载货物。随着经济发展和社会劳动的细分，从 20 世纪 80 年代开始，我国出现了一系列"货运配载中心""货运信息服务中心""货运调剂中心"等运输服务性企业。其主要业务是为空驶车辆提供回程货物的配载服务，也称为货物配载。

长期以来，物流公司的员工都是凭经验来给运输工具进行配载的，也能获取一定的效益。但这只是凭经验而已，是否已经达到运输工具使用率的最大化、配载效益的最大化，也从未有人去评估过，同时这种经验对于新员工来说是不具备的。能否有个公式化的计算办法来让大家都会给运输工具进行配载呢？其实很简单，我们在集货时一般都是以重量或体积来计量货物的，这样我们就可以知道所集货物密度的近似值，从而推出轻重货的配载比例。

知识准备

配载是指在配送中心现有的车辆车型的基础上，对货物进行合理配装，以最大限度地利用车辆的空间和载重量；要在规划好车辆行驶的路线后，将同一条路线的客户的货物配载在同一辆车上。

一、货物分拣的方法

在典型的汽车零担业务中，承运人从本地的转运站派出货车到各货主的装货口取货，把货带回本地转运站，然后按照目的地分拣货物，整合大方向一致的多批货物。承运人将整合成整车的货物，再通过主要的转运站（"枢纽"或"零担总站"）体系发往目的地转运站。在转运体系的每一个枢纽或转运站，承运人把入站货物化整为零，然后再根据最终目的地重新拼合成出站货物。最后，在目的地货运站，承运人把入站货物按照客户的确切地址、路径归类，分装到本地送货车上，交付给不同的客户。

在典型的货运列车服务中，铁路公司的集运业务则是要把车皮编成整列火车，再把整列火车分解成单个的车皮。货主在铁路支线上装货后，铁路机车过来把车皮拉到当地的铁路编组站，根据大方向一致原则把车皮编成长列火车，机车把火车拉到下一个编组站，接着分解、重新编组每一个车厢，组成下一趟火车。这个作业重复进行，直到车皮抵达离目的地最近的场站，由当地的机车把车皮送到收货人那里。与此相反，直达运输中涉及的是整列火车，从起点到终点，车皮不经过中间的编组作业。

常用的分拣方法大致可分为三类：人工分拣、半自动机械设备分拣和自动化设备分拣。

1. 人工分拣

人工分拣是物流分拣最初的形态，以人工为主，仅需较小的设备投入。但随着电商的发展，订单分拣量迅速增大，配送路线增多，且人工成本、配送处理速度、管理效率和用户体验等需求都发生了变化，纯人工分拣无法满足大规模配货的要求。为响应市场需求，各种分拣设备随之产生并投放使用，其中电商物流走在最前列，已经大规模普及自动化设备。但在大件、超重、异形等无法使用分拣机处理的超规格包裹的分拣中，特别是零担物流行业，人工分拣仍发挥着重要作用。

2. 半自动机械设备分拣

该方式利用机械（如输送机）为主要的输送工具，通过在各分拣位置配备作业人员进行分拣。这种分拣方式投资不多，也可以在一定程度上减轻劳动强度，提高分拣的效率，适用于订单波动较小，订单量较稳定，各分拣区域工作量相似的物流配送场地。但是这种分拣方式仅在局部提高某一作业的效率，灵活性相对较低，需在满足设计条件的前提下达到整体分拣效率的最优。如果遇到分拣量激增，超出分拣线负荷的情况，就要进行人员调配以协助分拣。

3. 自动化设备分拣

这种方式是货物从进入自动化分拣设备到指定的位置为止，所有的作业均是按照指令自动完成，因此，这种分拣方式的分拣设备处理能力强，分拣的货物品类广、数量大，是当下物流分拣中心青睐的分拣方式。

采用这样的自动分拣系统，可以不受气候、时间和体力的限制，实现了货物的连续大规模分拣。在准确性方面，自动识别功能用于判断商品的条码、尺寸、重量和形状，分类错误率极低。自动分拣系统基本实现无人分拣作业，降低企业人工成本投入，降低工人劳动强度，提高人员使用效率。如路辉的滚珠模组带分拣系统、高速分流器智能分拣系统，分拣效率达 10 000 件/小时，分拣准确率达 99.99%，广泛应用于电商、快递物流行业，广受客户好评。

二、影响车辆配载的因素

影响车辆配载的因素主要包括以下几个方面：

1. 货物本身的特性

配载时需考虑货物的物理性质及化学性质，如需要考虑重货与轻泡货的搭配装载。在物流行业中，一般按货物的密度将货物分为轻泡货和重货。轻泡货是指体积相对较大、质量较轻的货物；重货则是指质量较重、体积相对小的货物。我国现行规定为：凡每立方米货物的重量大于 1 吨的为重货，小于 1 吨的为轻泡货。因此，在配载时要充分考虑货物的特性，从而充分利用好车辆容积。由于货物本身的特征，有些货物不能拼装在一起，如在理化性质相抵触或可能串味的情况下，则不能将这些货物进行拼装配载。

2. 货物包装尺寸和车辆尺寸

配载时要充分考虑货物的包装尺寸和车辆尺寸，尽量让车辆尺寸和货物包装尺寸成倍数关系。

3. 相关法律规定

货物的运输要遵守相关的法律规定。如在有关危险品运输的规定中提到：危险货物不得与普通货物混装。运输剧毒、爆炸、强腐蚀性的危险货物的非罐式专用车辆，其核定载重量不得超过 10 吨。

三、车辆配载的原则

1. "后送先装"原则

拼装时，一般将后送的货物先装在里面，先送的货物后装在外面，以便于卸货，这是配载最基本、最重要的原则。

2. 大小搭配的原则

货物包装有大有小，在装载时，合理进行大小搭配，以充分利用车辆空间。

3. 货物性质搭配原则

拼装在一起的货物，要充分考虑其化学和物理性质，其化学及物理性质相抵触的不能拼装在一起，如食品不能和有异味的货品放在一起。

4. 一次积载原则

如果货物是到达同一地点的，又适合配装在一起，应尽可能考虑将这些货物一次积载完毕。

5. 安全性原则

在装载时，要注意安全性。如货与货之间、货与车辆之间应留有空隙并适当衬垫，防止货损；装货完毕，应在门端处采取适当的稳固措施，以防开门卸货时货物倾倒造成货损。

6. 轻重搭配、重不压轻的原则

车辆配载时，要做到轻重货物搭配；同时，应将重货放置于底部，避免重货压坏轻货，并保证货物的重心下移，从而保证运输的安全性。

四、车辆配载的方法

1. 车辆配载的要点

一般来说，车辆装载在遵循以上原则的前提下，应尽可能提高满载率，主要应做到以下几点：

（1）研究各类车厢的装载标准，根据不同货物和不同包装体积的要求，合理安排装载顺序，努力提高装载技术和操作水平，力求装足车辆核定吨位和有效容积。

（2）根据客户所需要的货物品种和数量，调派适宜的车型承运。这就要求配送中心根据经营商品的特性，配备合适的车型结构。

（3）凡是可以拼装运输的，尽可能拼装运输，但要做好不同客户货物的标记，防止出现差错。可以把一个客户的货物配在一个笼车里，这样客户之间的货物就不容易混淆。

2. 公路运输车型及特点

（1）自卸式货车。动力大，通过能力强，可以自动后翻和侧翻，物品可以凭借本身的重力自行卸下。这种货车一般用于矿山和建筑工地及煤炭和矿石的运输，物流公司通常不会使用。

（2）敞车。因为顶部可以敞开，敞车可以装载高低不等的货物。主要供运送煤炭、矿石、矿建物资、木材、钢材等大宗货物用，也可用来运送重量不大的机器。

（3）厢式车。载货容积大，货箱密封性好。随着车厢自重的降低，厢式车在货运市场上的地位日益提高。

（4）冷藏车。这种车主要用于运送需对温度进行控制（即需冷藏保鲜）的易变质的鲜活物品。

（5）栏板式货车。这种车的特点是整车重心低，载重量适中，主要用于装载百货和杂品。

（6）集装箱牵引车和挂车。集装箱牵引车专用于拖带集装箱挂车或半挂车，两者结合组成车组，是长距离运输集装箱的专用机械，主要用于港口码头、铁路货场与集装箱堆场之间的运输。集装箱挂车按拖挂方式不同，分为半挂车和全挂车两种，其中半挂车最为常用。

3. 车辆配载的计算方法

在配载中，对于重货来讲，基本上都能较容易实现 100% 的满载率。如果将重货和轻泡货混装，则可以使车辆的容积和载重量都得到充分利用，但这往往有一定的难度。常用的计算方法如下：

设车辆可用容积为 V，核定载重量为 W，现要装载单位质量体积为 R_a 和 R_b 的两种货物，如何配载才能使车辆的载重量和容积得到充分利用呢？

设：两种货物重量分别为 W_a 和 W_b，则：
$$W_a+W_b=W$$
$$W_a R_a+W_b R_b=V$$

由以上两个式子可以得出：
$$W_a=(V-WR_b)/R_a-R_b$$
$$W_b=(V-WR_a)/R_b-R_a$$

【例 5-1】需配送两种货物，A 类货物容重为 $10kg/m^3$，A 类货物单件体积为 $2m^3$/件；B 类货物容重 $7 kg/m^3$，B 类货物单件体积为 $3m^3$/件；车辆载重量为 103kg，车最大容积为 $13m^3$，计算最佳配装方案，A、B 各装多少件？

解：设 A 的装载量为 X 件，B 的装载量为 Y 件。则
$$\begin{cases} 2X+3Y=20\times 65\% \\ 10\times 2X+7\times 3Y=103 \end{cases}$$
$$得 X=2, Y=3$$

该车装载 2 件 A 及 3 件 B 达到满载。

五、配送车辆装卸

1. 装卸的基本要求

装载卸载总的要求是"省力、节能、减少损失、快速、低成本"。

（1）装车前应对车厢进行检查和清扫。因货物性质不同，装车前需对车辆进行清洗、消毒，必须达到规定要求。

（2）确定最恰当的装卸方式。在装卸过程中，应尽量减少或根本不消耗装卸的动力，利用货物本身的重量进行装卸，如利用滑板、滑槽等。同时应考虑货物的性质及包装，选择最适当的装卸方法，以保证货物的完好。

（3）合理配置和使用装卸工具。根据工艺方案科学地选择并将装卸工具按一定的流程合理布局，以达到搬运装卸的路径最短。

（4）力求减少装卸次数。物流过程中，发生货损货差的主要环节就是装卸，而在整个物流过程中，装卸作业又是需要反复进行的，其发生的频数超过其他环节。装卸作业环节不仅不增加货物的价值和使用价值，反而会增加货物破损的概率甚至延缓整个物流作业速度，从而增加物流成本。

（5）防止货物装卸时的混杂、散落、漏损、砸撞。特别要注意有毒货物不得与食用类货物混装，性质相抵触的货物不能混装。

（6）装车的货物应数量准确，捆扎牢靠，做好防丢措施；卸货时应清点准确，码放、堆放整齐，标志向外，箭头向上。

（7）提高货物集装化或散装化作业水平。成件货物集装化、粉粒状货物散装化是提高作业效率的重要手段，即：成件货物应尽可能集装成托盘系列、集装箱、货捆、货架、网袋等货物单元再进行装卸作业；各种粉粒状货物尽可能采用散装化作业，直接装入专用车、船、库。不宜大量散装化的粉粒状货物也可装入专用托盘、集装箱、集装袋内，提高货物活性指数，便于采用机械设备进行装卸作业。

（8）做好装卸现场组织工作。装卸现场的作业场地、进出口通道、作业流程、人机配置等布局设计应合理，使现有的和潜在的装卸能力充分发挥或发掘出来。避免由于组织管理工作不当造成装卸现场拥挤、紊乱现象，以确保装卸工作安全顺利完成。

2. 装卸的工作组织

货物配送运输工作的目的在于不断谋求提高装卸工作质量及效率、加速车辆周转、确保物流效率。因此，除了强化硬件之外，在装卸工作组织方面也要给予充分重视，做好装卸组织工作。

（1）制定合理的装卸工艺方案。运用"就近装卸"或"作业量最小"法；在进行装卸工艺方案设计时应该综合考虑，尽量减少"二次搬运"和"临时放置"，使搬运装卸工作更合理。

（2）提高装卸作业的连续性。装卸作业应按流水作业原则进行，工序间应合理衔接，必须进行换装作业的，应尽可能采用直接换装方式。

（3）装卸地点相对集中或固定。装载、卸载地点相对集中，便于装卸作业的机械化、自动化，可以提高装卸效率。

（4）力求装卸设施、工艺的标准化。为了促进物流各环节的协调，要求装卸作业各工艺阶段间的工艺装备、设施与组织管理工作相互配合，尽可能减少因装卸环节造成的货损货差。

3. 装车堆积

装车堆积是在具体装车时，为充分利用车厢载重量、容积而采用的方法。一般是根据所配送货物的性质和包装来确定堆积的行、列、层数及码放的规律。

（1）堆积的方式。堆积的方式有行列式堆码方式和直立式堆码方式。

（2）堆积应注意的事项：

1）堆码方式要有规律、整齐。

2）堆码高度不能太高。一是车辆堆装高度受限于道路高度限制。二是道路运输法规规定：大型货车的高度从地面起不得超过4m；载重量1 000kg以上的小型货车不得超过2.5m；载重量1 000kg以下的小型货车不得超过2m。

3）货物在横向不得超出车厢宽度，前端不得超出车身，后端不得超出车厢的长度为：大货车不超过2m；载重量1 000kg以上的小型货车不得超过1m；载重量1 000kg以下的小型货车不得超过50cm。

4）堆码时应重货在下，轻货在上；包装强度差的应放在包装强度好的上面。

5）货物应大小搭配，以利于充分利用车厢的空间及核定载重量。

6）按顺序堆码，先卸车的货物后码放。

职业判断与业务操作

一、货物分拣

按照订单货物目的地，将仓库分成若干分区，结合订单送货期限以及运输线路分析，将发往相近目的地的订单货物分拣到同一区域。

选择"任务清单"，点击"货物分拣"，查看北京仓库内存放的货物订单信息，如图5-28所示。

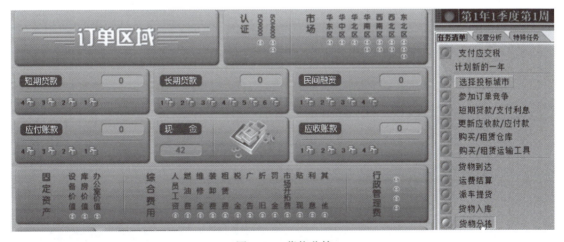

图5-28　货物分拣

按照运输路线、订货期限以及目的地，首先将仓库分成若干区域。东北方向的城市是沈阳、长春，货物可以分拣到同一区域；北京以南的城市较多，需结合公路运输线路和铁路运输线路，优先选择单一运输方式进行货物分拣。货物公路运输路线如图 5-29 所示。

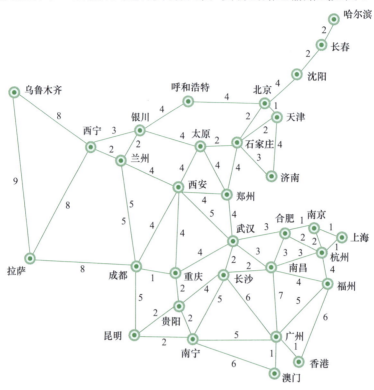

图 5-29 货物公路运输路线图

公路运输线路城市包括石家庄、太原、天津、呼和浩特，可将西南方向的石家庄、太原订单货物分拣到同一区域，东南方向的天津订单货物单独存放在一个区域，西北方向的呼和浩特订单货物单独存放在一个区域。货物铁路运输路线如图 5-30 所示。

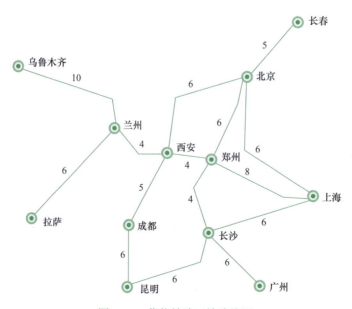

图 5-30 货物铁路运输路线图

铁路运输线路城市包括西安、兰州、乌鲁木齐、郑州、上海、广州,可将西北方向的西安、兰州、乌鲁木齐订单货物分拣到同一区域,郑州、上海、广州订单货物分拣到同一区域。

最后一张拉萨的订单可选择北京至拉萨的直达航空运输线路,单独存放在一个区域。货物仓库分区情况如表 5-12 所示。

表 5-12 货物仓库分区表

发货城市	到货城市	仓库分区
北京	沈阳	北京—沈阳—长春
北京	长春	
北京	石家庄	北京—石家庄—太原
北京	太原	
北京	天津	北京—天津
北京	呼和浩特	北京—呼和浩特
北京	广州	北京—郑州—上海—广州
北京	郑州	
北京	上海	
北京	西安	北京—西安—兰州—乌鲁木齐
北京	兰州	
北京	乌鲁木齐	
北京	拉萨	北京—拉萨

二、制定装车计划

选择"任务清单",点击"运输调度",查看北京仓库各个分区货物的重量及体积,如图 5-31 所示。

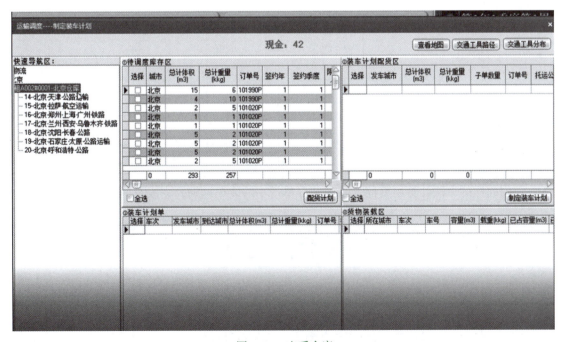

图 5-31 查看仓库

根据汽车、火车、飞机和轮船四种交通工具的额定载重和容积，结合各个仓库分区货物的总重量、总体积，计算出所需运输工具的数量。以北京—呼和浩特分区为例，首先计算该仓库分区所有订单货物的总重量为66kkg，总体积为72m³，查看运输工具购买或租赁费用，如表5-13所示。

表5-13　购买或租赁运输工具费用表

工具类型	速度(kkm/w)	载重(kkg)	体积(m³)	购买价格(M)	租赁价格(M/季度)	变卖价格(M)	维修费用(M/季度)	燃油费用(M/kkm)	装卸费用(M)
飞机	10	5	5	200	2	40	4	1	1
火车	4	80	80	150	8	30	3	1	1
小型汽车	2	5	20	8	2	4	1	1	1
中型汽车	2	15	50	12	3	6	1	1	1
大型汽车	2	35	80	16	5	8	1	1	1
轮船	1	80	80	150	5	30	2	1	1

北京—呼和浩特区域订单货物需要2辆大型汽车，且满载率较高，如表5-14所示。

表5-14　运输工具使用计划表

发货城市	仓库分区	订单目的地	总体积(m³)	总重量(kkg)	运输工具种类及数量
北京	北京—呼和浩特	呼和浩特	72	66	2辆大型汽车

使用同样的方法计算出其他仓库分区订单货物的装车计划，完成车辆配载方案。

思考与练习题

1. 你所在的公司在制定装车计划时，应考虑哪些要素？
2. 你认为车辆的空间一定能被完全利用吗？车辆的实际容积和有效容积是否相等？
3. 在制定装车计划时，若出现超载情况，该如何处理？

任务五　运输路线设计

任务目标

- 了解路线优化意义。
- 熟悉运输路线设计流程、配送路线的类型。
- 掌握运输路线优化策略、降低配送成本的策略。
- 掌握节约里程法、图表作业分析法。
- 掌握物流电子沙盘运输路线操作技巧。

任务介绍

物流沙盘模拟中某个第三方物流企业经过两年的发展，不断开拓城市、优化自己的物流线路，现已经在北京、上海、武汉、广州等地建立办事机构，在激烈的竞争中本季度获得订单如图5-32所示（可通过"经营分析"中的"订单信息"查询获得）。

订单号	签约年	签约季度	限…	发货城市	到达城市	运费(M)	总体积(m3)	总重量(kkg)	数量	托运公司	托运产品	支付方式	计量单位
302020P3_006	3	2	5	北京	太原市	4	2	5	1	环球物资	P3	到付	件
3020360P2_002	3	2	5	上海市	南京市	2	5	2	1	上海轻工	P2	预付	件
302020P3_012	3	2	6	北京	石家庄	2	2	5	1	环球物资	P3	回付	件
3020360P2_004	3	2	7	上海市	合肥市	2	5	2	1	上海轻工	P2	预付	件
3020360P4_001	3	2	7	上海市	武汉市	4	10	5	1	上海塑料	P4	预付	件
302020P5_004	3	2	8	北京	武汉市	5	5	8	1	首都钢铁	P5	回付	件
302020P5_005	3	2	8	北京	上海市	4	5	8	1	首都钢铁	P5	预付	件
302020P1_001	3	2	9	北京	郑州市	8	2	2	2	盈盛科技	P1	到付	件
302020P2_001	3	2	9	北京	拉萨市	6	5	2	1	北京轻工	P2	回付	件
3020360P1_002	3	2	9	上海市	哈尔滨市	12	2	2	2	上海科技	P1	预付	件
3020360P4_004	3	2	9	上海市	澳门	5	10	5	1	上海塑料	P4	到付	件
302020P1_008	3	2	10	北京	拉萨市	12	2	2	2	盈盛科技	P1	预付	件
302020P2_007	3	2	10	北京	石家庄	2	5	2	1	北京轻工	P2	预付	件
302020P5_002	3	2	11	上海市	澳门	5	5	8	1	上海汽车	P5	预付	件
302020P1_003	3	2	12	北京	上海市	8	2	2	2	盈盛科技	P1	预付	件
302020P1_004	3	2	12	北京	天津市	2	5	2	1	上海轻工	P1	预付	件
302020P3_001	3	2	12	北京	拉萨市	6	2	5	1	环球物资	P3	回付	件
3020360P1_003	3	2	12	上海市	长春市	12	2	2	2	上海科技	P1	回付	件
18						101.00	76.00	69.00	23.00				

图5-32　订单信息列表

请根据获得订单情况，租赁相应库房，购买车辆，并采用现代化管理手段进行配送路线优化分析,在客户要求的订单响应时间内低成本、高效率地完成货物的配送任务。

任务分析

配送路线是指各送货车辆向各个用户送货时所要经过的路线。配送路线的合理与否对配送速度、车辆利用率和配送费用都有直接影响,因此配送路线的优化问题是配送工作的一个主要问题。

在沙盘模拟过程中,高效率合理的配送是物流系统顺利运行的保证,正确合理地安排车辆的配送路线,实现合理的线路运输,可以有效地节约运输时间,增加车辆利用率,从而降低运输成本,提高企业经济效益与客户服务水平,使企业实现科学化的物流管理,这也是企业提高自身竞争力的有效途径之一。物流配送路径优化问题具有很高的计算复杂性,高效、精确的算法和结论可能不易得到,但可根据计算求得近似最优解。

知识准备

一、配送路线优化的意义

配送路线优化是指对一系列的发货点和收货点,组织适当的行车路线使车辆有序地通过它们,在满足一定的约束条件下(货物需求量与发送量,车辆容量限制,行驶里程限制),力争实现一定的目标(行驶里程最短,使用车辆尽可能少)。由于竞争的不确定性造成配送作业情况复杂多变,不仅配送点多、货物种类多,而且运输服务地区内需求网点的分布也不均匀,同时道路网复杂、路况多变,使得线路优化问题成为一个无确定解多项式难题。因此,配送合理化是配送决策系统的重要内容,合理的配送线路又是配送合理化的关键。选择合理的配送路线,对企业和社会都具有很重要的意义。

对企业来说,优化配送路线可以减少配送时间和配送里程,提高配送效率,增加车辆利用率,降低配送成本;还可以加快物流速度,能准时、快速地把货物送到客户的手中,提高客户满意度;而且还能使配送作业安排合理化,提高企业作业效率,有利于企业提高竞争力与效益。

对社会来说,优化配送路线可以节省运输车辆,减少车辆空载率,降低社会物流成本,对其他企业尤其是生产企业具有重要意义;与此同时,还能缓解交通紧张状况,减少噪声和尾气排放等运输污染,对民生和环境也有不容忽视的作用。

二、配送优化流程分析

根据商品的品种、要求到货时间、客户所在城市道路交通路线分布情况,首先确定运输方式、运输路线,配置相应运输工具,派车提货,将从供应商处提取的货物进行入库操作,分拣配装入相应的运输工具后直接配送至客户所在城市进行交货。这种配送业务的流程如图 5-33 所示。

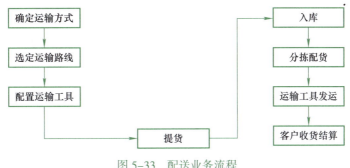

图 5-33 配送业务流程

三、配送路线优化策略

1. 成本最低策略

在沙盘模拟过程中，配送成本 = 运输工具购买/租赁成本 + 提货成本 + 仓储成本 + 运输成本。

（1）运输工具购买/租赁成本。考虑运输工具的购买/租赁成本时应综合考虑其装载量，即要根据体积或载重核算货物的单位租赁成本。各种运输工具相应的配送成本如表 5-15 所示。

表 5-15 运输工具配送成本表

工具类型	速度（kkm/w）	载重（kkg）	体积（m³）	年限（年）	购买（M）	租赁（M/季度）	变卖（M）	维修（M/季度）	燃油（M/kkm）	装卸（M）
飞机	10	5	5	20	200	2	40	4	1	1
火车	4	80	80	20	150	8	30	3	1	1
小型汽车	2	5	20	20	8	2	4	1	1	1
中型汽车	2	15	50	20	12	3	6	1	1	1
大型汽车	2	35	80	20	16	5	8	1	1	1
轮船	1	80	80	20	150	5	30	2	1	1

（2）提货成本。提货成本 = 提货运输工具购买/租赁成本 + 装卸成本。

提货属于城市内运输，必须采用汽车运输，如果城市间配送也选择汽车运输，则可以采用租赁同一辆车，先进行提货作业，后进行干线配送；装卸成本在本沙盘模拟中，仅与装卸货的次数有关，与装卸量无关，因此，想要节省该成本，最好采用大型车辆，并尽可能满载，以减少装卸次数。

（3）仓储成本。仓储成本取决于仓库的租赁成本，因此可以根据货物总量（主要是体积总量）来租赁适宜的仓库。

（4）运输成本。运输成本主要体现在燃油费，燃油费的计收按 1M/kkm，也就是说，燃油费与运输距离有关，与运输工具及运输工具的速度无关，因此，想要节省该成本，最好优化运输路线，选择最短路径，同时考虑采用大型车辆，减少总行驶里程。

2. 货物及时送达策略

货物不能及时送达，超期一周罚款一次，每周均罚，严重影响企业的经营收入；同时，货物不能及时送达还会影响企业信誉度，企业信誉度下降，在下一轮竞单中企业优势下降，竞得订单的概率下降，也就是说，将影响企业的长远发展。因此，在低配送成本下即将超时的订单应优先配送。

3. 转让订单或快速交货策略

如果某订单执行起来不能赢利或采用任何方式均不能及时送达，则应考虑转让订单或快速交货。转让订单需要教师开放交易平台，订单只能转让一次，不能进行二次转让；若出让后无人购买，则可采用快速交货，减少利润损失。

四、降低配送成本的策略

1. 混合策略

混合策略是指配送业务一部分由企业自身完成，另一部分则外包给第三方物流公司完成。

采用纯策略（即配送活动要么全部由企业自身完成，要么完全外包给第三方物流完成）易形成一定的规模经济，并使管理简化，但由于产品品种多变、规格不一、销量不定等情况，采用纯策略的配送方式超出一定程度不仅不能取得规模效益，反而还会造成规模不经济。

2. 差异化策略

该策略的指导思想是：产品特征不同，顾客服务水平不同。当企业拥有多种产品线时，不能对所有产品都按同一标准的顾客服务水平来配送，而应按产品的特点、销售水平，来设置不同的库存、不同的运输方式以及不同的储存地点。忽视产品的差异性会增加不必要的配送成本。

3. 合并策略

一是配送方法上的合并。企业在安排车辆完成配送任务时，充分利用车辆的容积和载重量，做到满载满装。二是共同配送，也称集中协作配送，是一种产权层次上的共享。它是指几个企业联合，集小量为大量，共同利用同一配送设施的配送方式。

4. 延迟策略

对产品的外观、形状及其生产、组装、配送应尽可能推迟到接到顾客订单后再确定。一旦接到订单就要快速反应，因此其基本前提是信息传递要非常快。基本条件包括：

（1）产品特征。模块化程度高，产品价值密度大，有特定的外形，产品特征易于表述，定制后可改变产品的容积或重量。

（2）生产技术特征。模块化产品设计，设备智能化程度高，定制工艺与基本工艺差别不大。

（3）市场特征。产品生命周期短，销售波动性大，价格竞争激烈，市场变化大，产品的提前期短。

延迟策略包括生产延迟(或称形成延迟)和物流延迟(或称时间延迟)两种方式。

5. 标准化策略

标准化策略就是尽量减少因品种多变而导致附加配送成本，尽可能多地采用标准零部件、模块化产品。采用标准化策略要求厂家从产品设计开始就要站在消费者的立场去考虑怎样节省配送成本，而不要等到产品定型生产出来了才考虑采用什么技巧降低配送成本。

五、配送路线的类型

配送路线按装载及路线特点可以分为往复式行驶路线、环形式行驶路线以及汇集式行驶路线。

1. 往复式行驶路线

往复式行驶路线是指在货物的运送过程中车辆在两个物流节点之间往返运行的路线形式，包括单程有载往复式行驶路线、回程部分有载往复式行驶路线、双程有载往复式行驶路线。

2. 环形式行驶路线

环形式行驶路线是指车辆在由若干个物流节点组成的封闭回程路上做连续单向运行的行驶路线。车辆在环形式行驶路线上行驶时，一个周转内至少完成两个运次的货物运送工作。环形式包括简单环形式（见图5-34）、交叉式（见图5-35）、三角形式（见图5-36）和复合环形式（见图5-37）等。

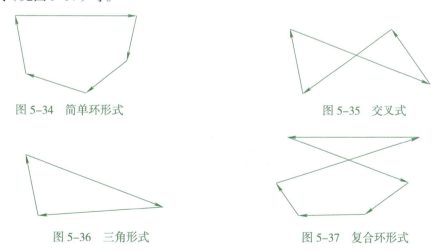

图5-34　简单环形式　　　　　　　　图5-35　交叉式

图5-36　三角形式　　　　　　　　图5-37　复合环形式

当配送车辆无法组织回程货物时，为了提高车辆的里程利用率，可组织环形式行驶路线。

车辆在环形式行驶路线上运送货物时，应尽量使其空驶行程之和小于载货行程之和，最大限度地组织车辆有载运行，以其里程利用率达到最高为最佳准则。

3．汇集式行驶路线

汇集式行驶路线是指车辆沿分布于运行路线上各物流节点依次完成相应的装卸作业，且每次的货物装（卸）量均小于该车核定载货量，直到整个车辆装满（卸空）后返回出发点的行驶路线。汇集式行驶路线主要有三种形式：

（1）分送式。车辆沿运行线路上各物流节点依次卸货，直到卸完所有待卸货物返回出发点。

（2）收集式。车辆沿运行线路上各物流节点依次装货，直到装完所有待装货物返回出发点。

（3）分送—收集式。车辆沿运行线路上各物流节点分别或同时装、卸货物，直到完成对所有待运货物的装卸作业返回出发点。

六、配送路线优化模型

随着配送的复杂化，配送路线的优化一般要结合数学方法及计算机求解的方法来制定合理的配送方案。

1．一对一配送的最短路线问题

一对一配送指的是由一个配送中心向一个特定客户进行送货，要求选择最短的配送路线，实现高效率的配送，达到快速、经济配送的经营目的。最短路线问题是线路优化模型中最为基础的问题之一，也是解决其他一些线路优化问题的有效工具。下面以具体的例子来说明其计算过程。

【例5-2】某运输公司签订了一项运输合同，要把A市一批货物运送到B市，该公司根据这两个城市之间可选择的行车路线的地图绘制了如图5-38所示的公路网络计划图。图中，圆圈也称节点，代表起点、目的地和与行车路线相交的其他城市。链代表两个节点之间的公路，每一条公路都标明运输里程。

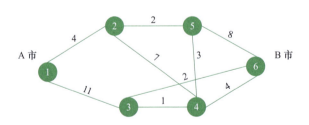

图5-38　公路网络计划图

可以看出，从A市出发到达B市，可以有很多条路线可以选择。但是如何选择运输路线，才能使总路程的长度最短？这就是运输规划中的最短路线问题。

解：首先列出最短路线方法计算表，如表5-16所示。

表 5-16　最短路线方法计算表

步骤	直接连接到未解节点的已解节点	与其直接连接的未解节点	相关总成本	第 n 个最近节点	最小成本	最新连接
1	1 1	2 3	4 11	2	4	1-2
2	1 2 2	3 4 5	11 4+7=11 4+2=6	5	6	2-5
3	1 2 5 5	3 4 4 6	11 4+7=11 6+3=9 6+8=14	4	9	5-4
4	1 4 4 5	3 3 6 6	11 9+1=10 9+4=13 6+8=14	3	10	4-3
5	3 4 5	6 6 6	10+2=12 9+4=13 6+8=14	6	12	3-6

第一个节点就是起点 1，与其直接相连的未解节点有 2 和 3。第一步，可以看出 2 是距离 1 最近的节点，记为 1-2，由于 2 是唯一的选择，所以它成为已解的节点。

随后，找出距 1 和 2 最近的未解节点，只要列出距各个已解节点最近的连接点，这里有 1-3、2-4、2-5，记为第二步。注意从起点通过已解节点到某一节点所需的距离应该等于到达这个已解节点的最短距离加上已解节点与未解节点之间的距离。也就是说，从 1 经过 2 到达 5 的距离为 4+2=6，可以看出，5 是距离 1 最近的节点，记为 2-5。

第三次迭代要找到与各已解节点直接连接的最近的未解节点，表中所示有 3 个候选点，从起点到这三个候选点 3、4、6 所需的距离，相应为 11、11、9、14，其中 5-4 距离最短，为 9，因此 5-4 就是第三次迭代的结果。

重复上述过程直到所有的点变为已解点，算法结束。寻找最短路径从终点 6 往反方向，即 6-3-4-5-2-1，最短路径为 1-2-5-4-3-6，最短距离为 12。

最短路径法适合利用计算机进行求解，把运输网络中的链和节点的资料都存入数据库中，选好起点和终点后，计算机可以很快就算出最短路径。

2. 一对多配送的路线优化问题

一对多配送是指由一个配送中心向多个客户进行送货，这种配送模式要求同一条路线上所有客户的需求总量不大于一辆车的额定载重量，目前确定优化配送方案的一个较成熟的方法是节约法，也叫节约里程法。利用节约法确定配送路线的主要出发点是：根据配送中心的配送能力（包括车辆的多少和载重量）和配送中心到各个用户以及各个用户之间的距离来制定使总的车辆运输的吨公里数最小的配送方案。利用节约法制定出的配送方案除了使配送总吨公里最小外，还满足以下条件：方案能满足所有用户的要求；不使任何一辆车超载；

每辆车每天的总运行时间或行驶里程不超过规定的上限；能满足用户到货时间的要求。

节约里程法又称车辆运行计划法（Vehicles Scheduling Program，VSP），可在实际工作中为求得较优解或最优的近似解时采用。它的基本原理是三角形的一边之长必定小于另外两边之和，如图 5-39 所示。

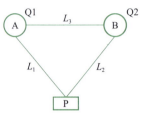

$L_T=2\times(L_1+L_2)$
$L_T=L_1+L_2+L_3$
$\Delta L_T=2\times(L_1+L_2)-(L_1+L_2+L_3)=L_1+L_2-L_3$

图 5-39　节约里程法的基本原理

为实现配送所节约里程，可根据用户要求、道路条件等设计几种巡回配送方案，再计算节约里程，以其中节约里程最大者为优选的配送方案。VSP 方法可对所有配送地点计算其节约里程，按节约量的大小顺序，优选确定配送路线。

【例 5-3】有一配送中心（P）具有如图 5-40 所示的配送网络，其中 A～J 表示收货站，（　）内数字表示发送量（吨），路线上的数字表示道路距离（公里）。请问：为使行驶距离尽量小，应该如何安排配送路线？假设能够利用的车是 2 吨车（即最大载重量是 2 吨）和 4 吨车两种，并限制车辆一次运行的初步距离是 30 公里。

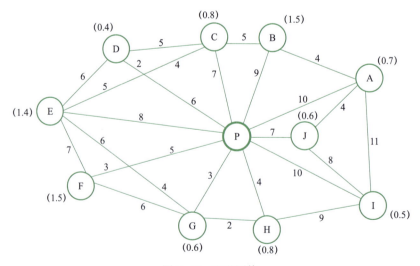

图 5-40　配送网络

解：

步骤一： 做出最短距离矩阵，首先从配送网络图中计算出配送中心与收货点之间以及收货点相互之间的最短距离矩阵，如表 5-17 所示。

表 5-17　最短距离矩阵

（单位：公里）

节点	P	A	B	C	D	E	F	G	H	I	J
P		10	9	7	8	8	8	3	4	10	7
A			4	9	14	18	18	13	14	11	4
B				5	10	14	17	12	13	15	8
C					5	9	15	10	11	17	13
D						6	13	11	12	18	15
E							7	10	12	18	15
F								6	8	17	15
G									2	11	10
H										9	11
I											8
J											

步骤二：做出节约里程项目，从最短距离矩阵中计算出收货点相互之间的节约里程，如表 5-18 所示。

表 5-18　节约里程项目

（单位：公里）

节点	A	B	C	D	E	F	G	H	I	J
A		15	8	4	0	0	0	0	9	13
B			11	7	3	0	0	0	4	8
C				10	6	0	0	0	0	1
D					10	3	0	0	0	0
E						9	1	0	0	0
F							5	4	1	0
G								5	2	0
H									5	0
I										9
J										

例如，计算 A-B 的节约里程项目如下：

P-A 的距离：a=10 公里

P-B 的距离：b=9 公里

A—B 的距离：$c=4$ 公里

节约里程项目：$a+b-c=10+9-4=15$ 公里

步骤三：节约项目分类，再把节约项目按由大到小的顺序排列，如表 5-19 所示。

表 5-19 节约里程项目分类表

（单位：公里）

顺位	连接线	节约里程	顺位	连接线	节约里程
1	A—B	15	13	F—G	5
2	A—J	13	13	G—H	5
3	B—C	11	13	H—I	5
4	C—D	10	16	A—D	4
4	D—E	10	16	B—I	4
6	A—I	9	16	F—H	4
6	E—F	9	19	B—E	3
6	I—J	9	19	D—F	3
9	A—C	8	21	G—I	2
9	B—J	8	22	C—J	1
11	B—D	7	22	E—G	1
12	C—F	6	22	F—L	1

步骤四：做成配送线路，从节约项目分类表中，按节约里程大小的顺序，组成路线图。

1）初次解，如图 5-41 所示。

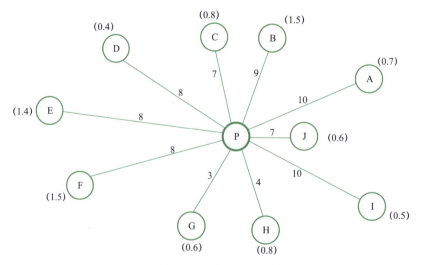

图 5-41 路线图初次解决方案

线路数：10

总行驶距离：$(10+9+7+8+8+8+3+4+10+7)\times 2=148$ 公里

车辆台数：2吨车10台

2）二次解。按节约里程由大到小的顺序，连接A-B、A-J、B-C，形成路线a，如图5-42所示。

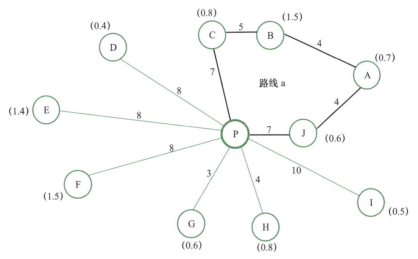

图5-42 路线图二次解决方案

线路数：7

总行驶距离：148-15-13-11=109公里

车辆台数：2吨车6台，4吨车1台

3）三次解。其次节约里程最大的是C-D和D-E。C-D、D-E两者都有可能与二次解的路线a连接，但由于A的车辆载重量与行驶距离有限，不能再增加收货点。为此，略去C-D而连接D-E，形成路线b，如图5-43所示。

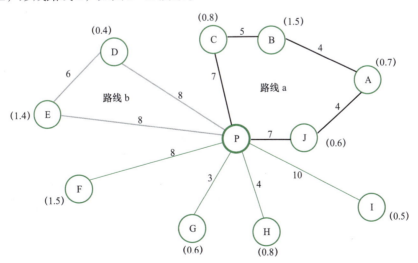

图5-43 路线图三次解决方案

线路数：6

总行驶距离：109-10=99公里

车辆台数：2吨车5台，4吨车1台

4）四次解。接下来节约里程大的是A-I和E-F。由于A已组合在完成的线路a中，所以略去，不能再增加收货点。为此，略去A-I而将E-F连接在路线b上，如图5-44所示。

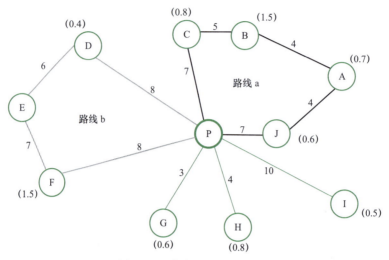

图5-44 路线图四次解决方案

线路数：5

总行驶距离：99-9=90公里

车辆台数：2吨车3台，4吨车2台

5）五次解。再继续按节约里程由大到小排出I-J、A-C、B-J、B-D、C-E。由于同一组总有一头或两头包含在已完成的线路a中，不能再做出新的路线。只考虑把下一组F-G组合在完成的路线b中，如图5-45所示。

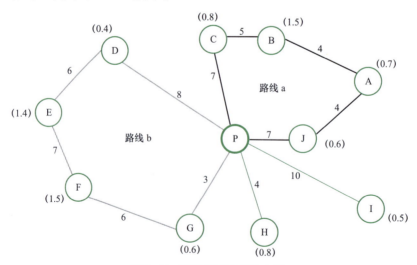

图5-45 路线图五次解决方案

线路数：4

总行驶距离：85公里

车辆台数：2吨车2台，4吨车2台

6）最终解。由于受车辆载重量与行驶距离有限，G-H不能组合进路线b中，故除去。连接H-I，做出路线c，如图5-46所示。

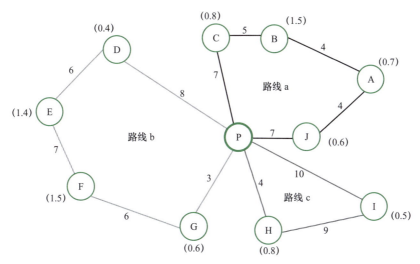

图5-46 路线图最终解决方案

路线a：4吨车，总行驶距离27公里，装载量3.6吨。
路线b：4吨车，总行驶距离30公里，装载量3.9吨。
路线c：2吨车，总行驶距离23公里，装载量1.3吨。

这样整个配送线路做完，共3条线路总行驶距离80公里，必要车辆是2吨车1台，4吨车2台。

采用节约里程法时应注意：该方法适用于需求稳定的顾客；对于非固定需求的顾客，采用其他途径配车，或并入有宽裕的路线中；最终确定的配送路线，要有司机和现场意见；调整配送路线的负荷量使其平衡；充分考虑道路交通情况；考虑需求的变动；考虑在收货站的停留时间；注意司机的休息时间和指定交货时间；为找出交通情况和需求变化所造成的影响，研究采用模拟方式的可能性；车辆安排程序作为大部分计算机应用程序组已很完善，对规模较大的网络，需要采用电子计算机处理。

七、运输车辆调度

一般的运输问题就是要解决把某种产品从若干产地调运到若干销地，在已知产地的供应量和销地的需求量，并知道各地之间的运输单价的前提下，如何确定一个使总的运输费用最小的方案问题。

1. 表上作业法

表上作业法是指用列表的方法求解线性规划问题中运输模型的计算方法，是线性规划的一种求解方法。当某些线性规划问题采用图上作业法难以进行直观求解时，就可以将各元素列成相关表，作为初始方案，然后采用检验数来验证这个方案，否则就要采用闭合回路法、位势法等方法进行调整,直至得到满意的结果。这种列表求解方法就是表上作业法。

(1)表上作业法的基本步骤:

1)利用最小元素法找出初始基本可行解(初始调运方案,设有 m 个产地,n 个销地,则一般有 $m+n-1$ 个数字格)。从运价最小的格开始,在格内的右下角标上允许取得的最大数。然后按运价从小到大顺序填数。若某行(列)的产量(销量)已满足,则把该行(列)的其他格划去。如此进行下去,直至得到一个基本可行解。

2)利用闭合回路法或位势法求出各非基变量(未填上数字的格,即空格)的检验数,若全部大于等于零,则该方案就是最优调运方案,否则就应进行调整。

3)改进当前的基本可行解(确定换入、换出变量),用闭合回路法调整。

4)重复2)3),直到找到最优解为止。如图5-47所示。

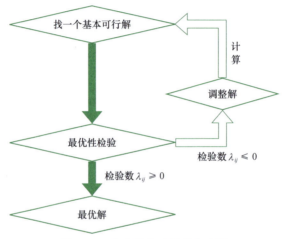

图5-47 表上作业法的基本步骤

(2)表上作业法示例:

某食品公司有三个生产面包的分厂 A_1、A_2、A_3,有四个销售公司 B_1、B_2、B_3、B_4,其各分厂每日的产量、各销售公司每日的销量以及各分厂到各销售公司的单位运价如表5-20所示,在表中产量与销量的单位为t,运价的单位为百元/t。请问:该公司应如何调运产品在满足各销点的需求量的前提下总运费最少?

表5-20 产销平衡表

单位运价\销地 产地	B_1	B_2	B_3	B_4	产量
A_1	3	11	3	10	7
A_2	1	9	2	8	4
A_3	7	4	10	5	9
销量	3	6	5	6	

解:

步骤一:用最小元素法求初始解。最小元素法是就近供应,即对单位运价最小的变量分配运输量。

首先，在表上找到单位运价最小的方格（A_2B_1），并使其分配尽可能大的运输量，然后，把对应的产地的产量和销地的销量都减去该值，并划去产量或销量为零的一列或一行，如图 5–48 所示。

Min(4,3)

销地 / 产地	B_1	B_2	B_3	B_4	产量
A_1	3	11	3 4	10 3	~~7~~ ~~3~~ 0
A_2	1 3	9	2 1	8	~~4~~ ~~1~~ 0
A_3	7	4 6	10	5 3	~~9~~ ~~3~~ 0
销量	~~3~~ 0	~~6~~ 0	~~5~~ ~~4~~ 0	~~6~~ ~~3~~ 0	

图 5–48　最小元素法

步骤二：求检验数，对方案是否最优进行检验。这里介绍闭合回路法和位势法求检验数。

闭合回路法是借助图表作业方式，计算比较两种（或两种以上）变量值，以调整部分经济指标实现优化经营，提高管理效益的管理统计方法。它最早用于运输经济部门管理，主要是在图表作业基础上调整运量，择优选取管理方案。

首先，做闭合回路。在已给出调运方案的运输表上从一个代表非基变量的空格出发，沿水平或垂直方向前进，遇到代表基变量的方格才能向左或右转 90°（也可以不改变方向）继续前进，直至回到出发的那个空格，由此形成的封闭折线，如图 5–49 所示。

1×3−1×3+1×2−1×1

销地 / 产地	B_1	B_2	B_3	B_4	产量
A_1	① (+1) 3	② (+1) 11	4 (−1) 3	10 3 (−1)	7
A_2	1 3 (−1)	9	2 (+1) 1	8	4
A_3	7	4 6 (−1)	10	(+1) 5 3	9
销量	3	6	5	6	

图 5–49　闭合回路法 1

然后，对于代表非基变量的空格（其调运量为零），将其调运量调整为 1，由于产销平衡的要求，我们必须对这个空格的闭合回路顶点的调运量加上或减少 1。然后计算出由这些变化给整个运输方案的总运输费带来的变化。如图 5–49 中，以 A_1B_1 空格出发的闭合回路，调整运量后计算检验数为 1。运用此法求出所有空格的检验数，如图 5–50 所示（单元格中右上角数字为单位运价,蓝色数字为调运量,○中数字为检验数)。

销地\产地	B₁	B₂	B₃	B₄
A₁	① 3	② 11	4 3	3 10
A₂	3 1	① 9	1 2	⊖1 8
A₃	⑩ 7	6 4	⑫ 10	3 5

图 5-50 闭合回路法 2

发现 A_2B_4 空格检验数为负数,故此初始方案不是最优解,需要对初始方案进行调整。

步骤三:利用闭合回路法调整方案。

首先,做出检验数小于零的非基变量的闭合回路,然后令其取相邻两点的最小值,对解加以调整,如图 5-51 所示。

销地\产地	B₁	B₂	B₃	B₄
A₁	① 3	② 11	✗5 3	✗2 10
A₂	3 1	① 9	1 2	⊖1 8
A₃	⑩ 7	6 4	⑫ 10	3 5

图 5-51 闭合回路法 3

调整后,因方案变化,需重新计算各空格的检验数进行检验,重复步骤二和步骤三,直到所有空格的检验数都非负,即得到最优方案,如图 5-52 所示。

销地\产地	B₁	B₂	B₃	B₄
A₁	⓪ 3	② 11	5 3	2 10
A₂	3 1	② 9	① 2	1 8
A₃	⑨ 7	6 4	⑫ 10	3 5

图 5-52 闭合回路法 4

2. 图上作业法

图上作业法即是在运输图上求解线性规划运输模型的方法。交通运输以及类似的线性规划问题，都可以利用图上作业法，首先画出流向图，然后根据有关规则进行必要调整，直至求出最小运输费用或最大运输效率的解。图上作业法中，交通图是反映发运点（产地）、接收点（销地）以及交通线路及其距离组成的图形。发运点用"○"表示，发出货物的数量记在"○"之内（单位：t）；接收点用"□"表示，收取货物的数量记在"□"之内（单位：t）。两点之间的线路长度记在交通线路的旁边。流向图则是在交通图的基础上绘制的物资调运方案，顺时针方向的流向画在圈的内侧，称为内圈流向；逆时针方向的流向画在圈的外侧，称为外圈流向。内外圈流向箭头要求达到重叠且各自之和都小于或等于全圈总长度的一半，这时的流向图就是最佳调运方案。

【例 5-4】有某物资 7t，由发运点 A_1、A_2、A_3 发出，发运量分别为 3t、3t、1t，运往接收点 B_1、B_2、B_3、B_4，收货量分别为 2t、3t、1t、1t，收发量平衡，交通图如图 5-53 所示（距离单位：km）请问：应如何调动，才能使货运周转量（t·km）最小？

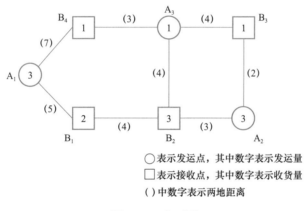

图 5-53 交通图

解：

步骤一：选用"去线破圈"的方法把有圈的交通图化为无圈的交通图，再做一个无对流的流向图。"去线破圈"的方法是，去一线破一圈，有几个圈去掉几条线。对某一个圈，可任意去一边，这样就破掉了一圈，然后再去一边，破一圈，直至无圈，即可把一个有圈的交通图，化成一个无圈的交通图。

一般是先去掉距离最长的交通线，比如，去掉 A_1B_4(7km)，破 $A_1B_1B_2A_3B_4$ 圈，再去掉 A_3B_3(4km)，破 $B_2A_2B_3A_3$ 圈。这样原来的有圈交通图，便成了一个无圈的交通图。还需在此基础上做一个无对流的流向图，如图 5-54 所示。

需要注意的是，与表上作业法要求有调运量的格子数应该是收点数 + 发点数 –1 类似，图上作业法也要求在流向图上的箭头数（有调运量的边数）应为收点数 + 发点数 –1。这一要求也可以等价地表述为：在去线破圈后得到的无圈交通图上，要求每边都应该有流向。因此，某一边无流向时，必须在这一边添上调运量为 0 的虚流向，和其他流向同样对待。按照这一要求，应在 A_1B_4、A_3B_3 补上虚流向，如图 5-55 所示。

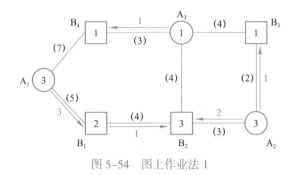

图 5-54　图上作业法 1

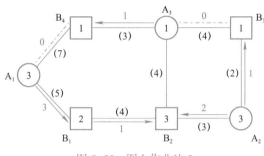

图 5-55　图上作业法 2

步骤二：检查有无迂回。

对流向图中只有一边没有流向的各圈进行检查。如果没有迂回，即已达到最优调运方案。如果有迂回，则需要进行调整。

首先分别计算线路的全圈长、内圈长和外圈长（圈长即指里程数），如果内圈长和外圈长都分别小于全圈长的一半，则该方案即为最优方案；否则，即为非最优方案，需要对其进行调整。$A_1B_1B_2A_3B_4$ 外圈长 12km（=5+4+3），大于全圈长 23km（=5+4+4+3+7）的 1/2。

步骤三：调整方案。

在有迂回的外圈各流向中减去一个最小调运量，在内圈（含无调运量的边）各流向上加上这一最小调运量。圈 $A_1B_1B_2A_3B_4$ 中的最小流量为 1，在外圈上 B_1B_2、A_3B_4 两条边同时为 1，将任意一边运量减为 0，再将内圈各边运量加 1，得到调整后的调运方案。如图 5-56 所示。

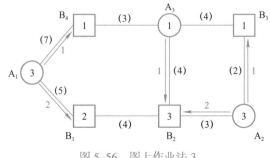

图 5-56　图上作业法 3

经检查圈 $B_2A_2B_3A_3$ 不构成迂回运输，所以所得到的方案已是最优方案。最优调运方案的总货运周转量 $=2\times 5+2\times 3+1\times 2+1\times 4+1\times 7=29t\cdot km$

职业判断与业务操作

一、运输路线与配载方案制定

在沙盘模拟过程中，运输路线与配载方案的制定需要考虑诸多因素，首先需进行订单分析，分析订单的走向、货量及到货时间的要求，然后结合现有办事处及不同运输方式的成本进行综合分析，制定出可执行的配载方案。

1. 订单分析

选择"经营分析"，点击"订单信息"，点击"未交货订单"，进行订单查询，如图5-57所示。

订单号	签约年	签约季度	限...	发货城市	到达城市	运费(M)	总体积(m3)	总重量(kkg)	数量	托运公司	托运产品	支付方式	计量单位
302020P3_006	3	2	5	北京	太原市	4	2		1	环球物资	P3	到付	件
3020360P2_002	3	2	5	上海市	南京市	2	5	2	1	上海轻工	P2	预付	件
3020360P3_012	3	2	6	北京	石家庄	2	2	5	1	环球物资	P3	回付	件
3020360P2_004	3	2	7	上海市	合肥市	2	5		1	上海轻工	P2	预付	件
3020360P4_001	3	2	7	上海市	武汉市	4	10	5	1	上海塑料	P4	预付	件
302020P5_004	3	2	8	北京	武汉市	5	5	8	1	首都钢铁	P5	回付	件
302020P5_005	3	2	8	北京	上海市	4	5	8	1	首都钢铁	P5	预付	件
302020P1_001	3	2	9	北京	郑州市	8	2		2	盈盛科技	P1	到付	件
302020P2_001	3	2	9	北京	拉萨市	6	2		1	北京轻工	P2	回付	件
3020360P1_002	3	2	9	上海市	哈尔滨市	12	2		2	上海科技	P1	预付	件
3020360P4_004	3	2	9	上海市	澳门	5	10	5	1	上海塑料	P4	到付	件
302020P1_008	3	2	10	北京	拉萨市	12	2		2	盈盛科技	P1	回付	件
302020P2_007	3	2	10	北京	石家庄	2	5	2	1	北京轻工	P2	预付	件
302020P5_002	3	2	11	上海市	澳门	5	5	8	1	上海汽车	P5	预付	件
302020P1_003	3	2	12	北京	上海市	8	2		2	盈盛科技	P1	预付	件
302020P2_004	3	2	12	北京	天津市	2	5	2	1	北京轻工	P2	预付	件
302020P3_001	3	2	12	北京	拉萨市	6	2		1	环球物资	P3	回付	件
3020360P1_003	3	2	12	上海市	长春市	12	2		2	上海科技	P1	回付	件

18 合计 101.00 76.00 69.00 23.00

订单追踪信息

订单号	子单号	子单数量	状态	位置描述
302020P3_006		0	未提货	未提货

图5-57 订单信息列表

点击"导出EXCEL"，将订单以Excel的形式导出，如图5-58所示。

图 5-58 订单以 Excel 形式导出

点击"数据",选择"筛选",点击"自动筛选",按照发货城市将订单列表重新排列,如图 5-59 所示。

图 5-59 按发货城市筛选订单

2. 运输路线分析

(1) 公路运输路线(见图 5-60)。

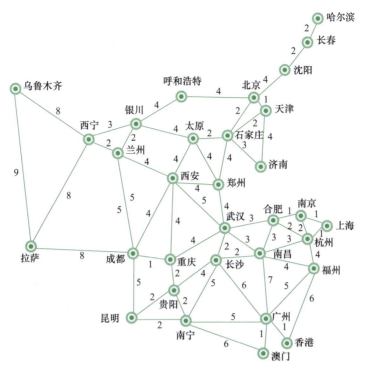

图 5-60 公路运输路线

（2）铁路运输路线（见图 5-61）。

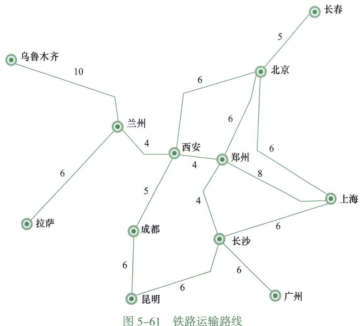

图 5-61 铁路运输路线

（3）航空运输路线（见图 5-62）。
（4）海运路线（见图 5-63）。

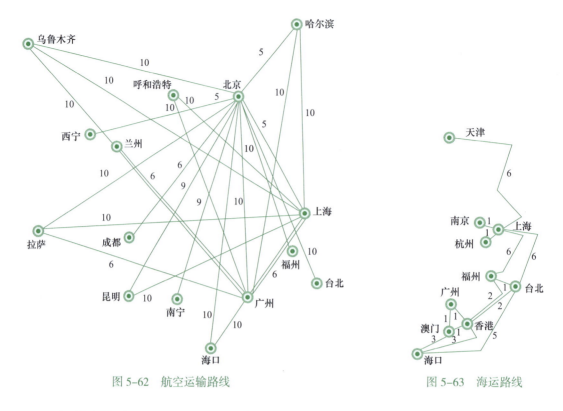

图 5-62 航空运输路线　　　　　　　图 5-63 海运路线

3. 运输路线测量

点击"地图",选择运输方式,如公路运输,点击两个城市之间的线路,如选择北京—天津,则左下角显示两地之间的距离,如图 5-64 所示。

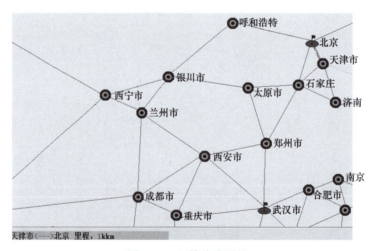

图 5-64 运输路线测量

4. 配载方案制定

(1)规划运输路线。根据订单情况,规划如下汽车运输路线:北京—天津—石家庄—太原—郑州—武汉。

（2）运输路线可行性分析。经查询，汽车的时速为2kkm／周。经测量，北京—天津（1kkm），用时1周，天津货物第2周到达；天津—石家庄（1kkm），用时1周，石家庄货物第3周到达，石家庄—太原(2kkm)，用时1周，太原货物第4周到达；太原—郑州(3kkm)，用时2周，郑州货物第6周到达；郑州—武汉（3kkm），用时2周，武汉货物第8周到达。查看订单列表，均能满足订单的到货期限要求，则本线路可用。

（3）配车方案。汇总汽车运输路线：北京—天津—石家庄—太原—郑州—武汉的运输总量为，体积21m³，重量24kkg。

查询运输工具列表（见表5-21），选择"大型汽车"对该线路的货物进行运输。

表5-21 运输工具表

工具类型	行驶速度（kkm/w）	载重（kkg）	体积（m³）	年限（年）	购买价格（M）	租赁价格（M/季度）	变卖价格（M）	维修费用（M/季度）	燃油费用（M/kkm）	装卸费用（M）
飞机	10	5	5	20	200	2	40	4	1	1
火车	4	80	80	20	150	8	30	3	1	1
小型汽车	2	5	20	20	8	2	4	1	1	1
中型汽车	2	15	50	20	12	3	6	1	1	1
大型汽车	2	35	80	20	16	5	8	2	1	1
轮船	1	80	80	20	150	5	30	2	1	1

（4）最终配载方案。根据以上不同的出发城市和到达城市，参照运输路线表和运输工具列表，制定出最终的配载方案，如图5-65所示。

	A	B	C	D	E	F	G	H	I	J	K	L	M	N
1	订单号	签约年	签约季度	限期(周)	发货城市	到达城市	运费(M)	总体积(m3)	总重量(kkg)	数量	托运公司	托运产品	支付方式	计量单位
2	302020P3_006	3	2	5	北京	太原市	4	2	5	1	环球物资	P3	到付	件
3	302020P3_012	3	2	6	北京	石家庄	2	2	5	1	环球物资	P3	回付	件
4	302020P5_004	3	2	8	北京	武汉市	5	5	8	1	首都钢铁	P5	回付	件
5	302020P1_001	3	2	9	北京	郑州市	8	2	2	2	盈盛科技	P1	到付	件
6	302020P2_007	3	2	10	北京	石家庄	2	5	2	1	北京轻工	P2	预付	件
7	302020P2_004	3	2	12	北京	天津市		5	2	1	北京轻工	P2	预付	件
8						合计		21	24					
9				(汽车运输) 大型汽车 (运输路线：北京-天津-石家庄-太原--郑州--武汉)										
10														
11	302020P3_001	3	2	12	北京	拉萨市	6	2	5	1	环球物资	P3	回付	件
12	302020P2_001	3	2	12	北京	拉萨市	6	5	2	1	北京轻工	P2	预付	件
13	302020P1_008	3	2	10	北京	拉萨市	12	2	2	2	盈盛科技	P1	回付	件
14						合计		9	9					
15				北京--拉萨（铁路运输）										
16														
17	3020360P2_002	3	2	5	上海市	南京市	2	5	5	1	上海轻工	P2	预付	件
18	3020360P2_004	3	2	7	上海市	合肥市	2	5	5	1	上海轻工	P2	预付	件
19	3020360P4_001	3	2	7	上海市	武汉市	4	10	5	1	上海塑料	P4	预付	件
20						合计		20	9					
21				(汽车运输) 中型汽车 (运输路线：上海-南京（1kkm）-合肥（1kkm）-武汉（2kkm）预计第4周到达武汉)										
22														
23	3020360P1_002	3	2	12	上海市	哈尔滨市	12	2	2	2	上海科技	P1	预付	件
24	3020360P1_003	3	2	12	上海市	长春市	12	2	2	2	上海科技	P1	回付	件
25						合计		4	4					
26				航空运输（上海-北京（5KKM）)到达北京后，汽车运输至长春（北京-沈阳（4kkm）-长春（2kkm）-哈尔滨（2kkm）预计第五周到达哈尔滨市)										
27														
28	302020P5_005	3	2	8	北京	上海市	4	5	2	1	首都钢铁	P5	预付	件
29	302020P1_003	3	2	12	北京	上海市	8	2	8	2	盈盛科技	P1	回付	件
30						合计		7	10	火车运输（北京-上海 (6KKM）预计第三周到达上海)				
31	3020360P4_004	3	2	9	上海市	澳门	5	7	5	1	上海塑料	P4	到付	件
32	3020360P5_002	3	2	11	上海市	澳门	5	5	5	1	上海汽车	P5	预付	件
33						合计		22	23					
34				海运（上海-福州（6KKM）-香港（2KKM）-澳门（1KKM）预计第九周到达澳门)										

图5-65 配载方案

二、货物出库运输调度

点击"运输调度",选择入库分区,选中业务单据,点击"配货计划",将业务单据转入装车计划区,如图 5-66 所示。因该区域货物均是固定路线、固定车辆的货物,因此只需将该批货物全部装入规划车辆即可。

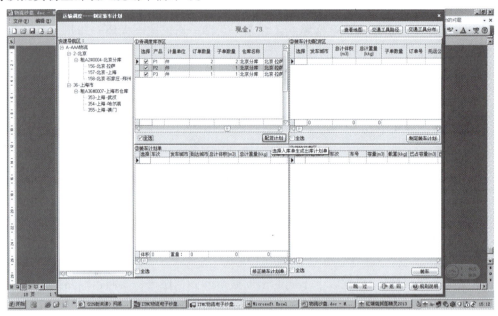

图 5-66 业务单据转入装车计划区

选中业务单据,点击"制定装车计划",选中事先规划好的运输车辆(此批货物装火车),点击"选择"确定装车计划,如图 5-67 所示。

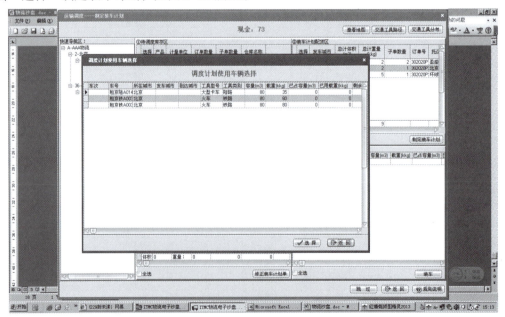

图 5-67 制定装车计划

货物装车计划如图 5-68 所示。

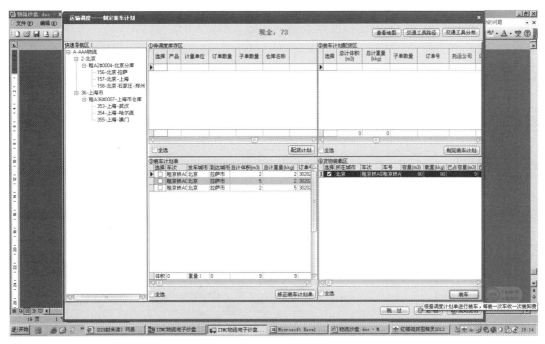

图 5-68　装车计划制定完毕

三、定义火车行驶路线

进入"选择路线发货"界面，选中发运车辆——火车，首先核对"装车明细"，核查货物是否装错，如图 5-69 所示。

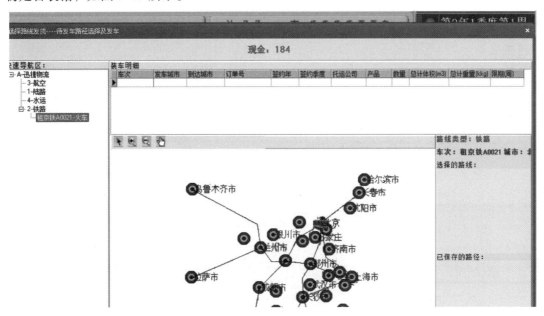

图 5-69　核对装车明细

点击运输线路（如果运输路线有多个节点，从第二个节点开始，采用"Ctrl+ 点击相应城市"的方法确定运输线路），点击"保存路径"，如图 5-70、图 5-71 所示。该车辆将按照已定义路线运营，但需要后续各周都点击"发车"。

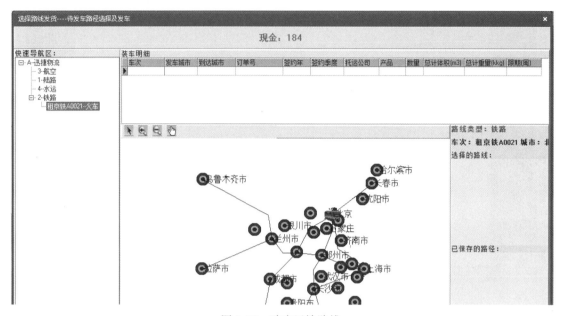

图 5-70　确定运输路线

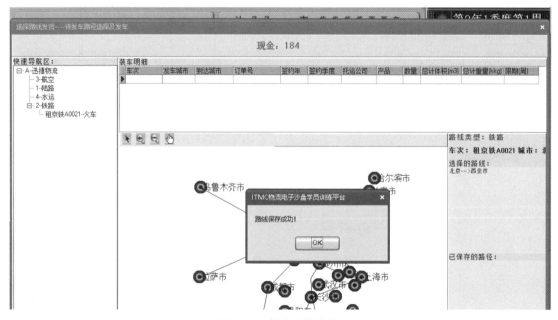

图 5-71　保存运输路线

点击"返回"，如有未发车辆，系统将提示相关信息，如图 5-72 所示。

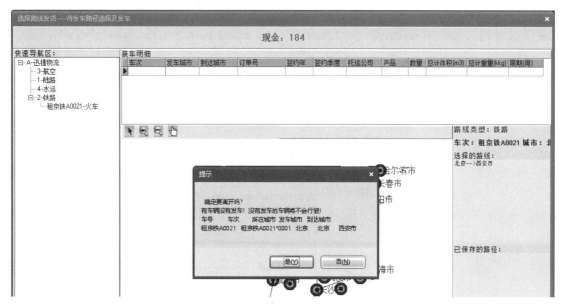

图 5-72 提示未发车信息

接下来调度第二批货,其他批次的货物调度方法同上。所有货物调度完成后,点击"一键全发车",如图 5-73 所示。在弹出的对话框中点击"是",结果如图 5-74 所示。点击"OK",发车完毕。

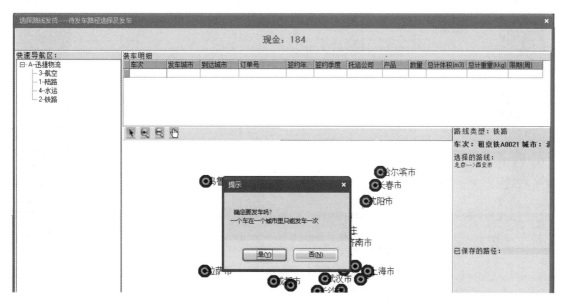

图 5-73 一键全发车

图 5-74 发车完毕

所有货物调度完成后,核查分库是否还有货物,如图 5-75 所示。

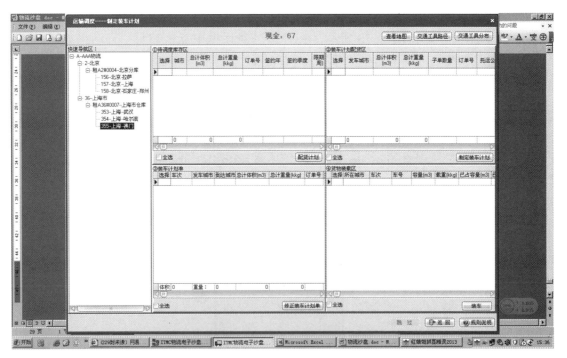

图 5-75 核查分库货物

核查待运输的货物及发运路线是否有误,如图 5-76 所示。

项目五　实践经营　提炼技巧

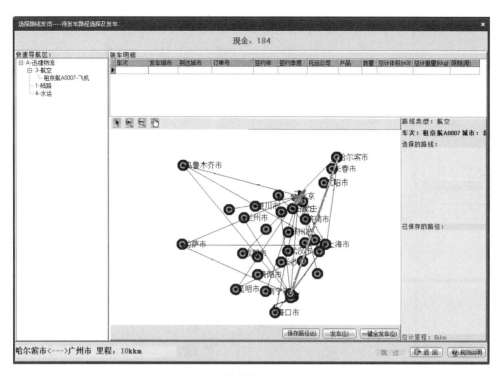

图 5-76　运输货物和运输线路检查

四、货物装车错误——卸下重装

点击"货物到达",选中装错货的车辆,选中装错订单,点击"入库",重新入库后,重新调度,步骤同上,如图 5-77 所示。

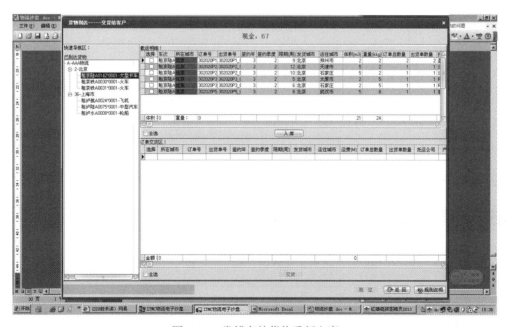

图 5-77　发错车的货物重新入库

五、货物发运错误

选中车辆,点击运输线路(如果运输路线有多个节点,从第二个节点开始,采用"Ctrl+点击相应城市"的方法确定运输线路),点击"保存路径",如图 5-78 所示。

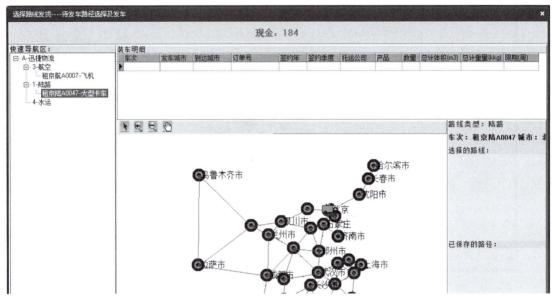

图 5-78 重新发货

思考与练习题

1. 在制定送货路线时,发现存在无法按期限送达的订单应该如何处理?
2. 你认为制定好的配送策略需要综合考虑哪些问题?
3. 分析配送策略是如何影响你的利润的。

任务六 财务管理

任务目标

- 掌握损益表(利润表)和资产负债表填写方法。
- 熟悉运输成本构成。
- 掌握企业运营费用构成。
- 熟悉企业流动资产和固定资产的构成。

项目五　实践经营　提炼技巧

任务介绍

某企业经过一年的运营，想要了解公司这一年的盈利情况和资产情况，同时也希望知道竞争对手的经营现状。年末系统自动生成年度报表，如图 5-79 所示。

损益表				资产负债表							
项目	关系表达式	上年值	当年值	项目	关系表达式	上年值	当年值	项目	关系表达式	上年值	当年值
销售	+	0	28	固定资产				负债			
直接成本	-	0	-19	土地和建筑	+	0	20	长期负债	+	0	0
毛利	=	0	9	机器和设备	+	0	0	短期负债	+	0	0
综合费用	-	0	-28	总固定资产	=	0	20	应付款	+	0	11
折旧前利润	=	0	-19					应交税			
折旧	-	0	0					总负债	=	0	11
支付利息前利润	=	0	-19					权益			
财务收入/支出	-	0	0	流动资产				股东资本	+	100	100
额外收入/支出	+/-	0	-9	现金	+	100	45	利润留存	+	0	0
税前利润	=	0	-28	应收款	+	0	18	年度净利	+	0	-28
所得税	-	0	0	总流动资产	=	100	63	所有者权益	=	100	72
净利润	=	0	-28	总资产	=	100	83	负债加权益	=	100	83

图 5-79　年度报表

请根据企业经营情况手动填写实训手册第二部分中的资产负债表和损益表（利润表），与系统生成的报表对比，查找自己存在的问题，系统全面了解报表制订方法。

任务分析

我们在同一个市场环境下进行沙盘模拟对抗，想要了解自己公司的经营情况以及对手公司的经营现状，财务报表是最有效的工具。通过财务报表能够全面揭示企业一定时期的财务状况、经营成果和现金流量，有利于经营管理人员了解本单位财务状况，改善经营管理水平，提高经济效益；也有利于投资者掌握企业的财务状况，为报表使用者的投资、贷款行为提供决策依据；同时有利于财政、税务、工商、审计等部门对企业经营管理的监督。

本课程主要通过资产负债表和损益表两种报表反映企业的经营现状。了解报表中每个指标的含义及其与沙盘盘面实物的对应关系是我们做好财务报表的基本要求。

知识准备

一、损益表（利润表）

损益表是反映企业一定会计期间（如月度、季度、半年度或年度）生产经营成果的会计报表。企业一定会计期间的经营成果既可能表现为盈利，也可能表现为亏损，因此，损益表也被称为利润表。它全面揭示了企业在某一特定时期实现的各种收入、发生的各种费用或成本，以及企业实现的利润或发生的亏损情况，它是企业一段时间经济效益的综合体现。

（一）损益表的作用

（1）通过损益表提供的收入、费用、利润等绝对指标可以评价企业的经营成果，考核企业经营管理者的工作业绩。

（2）通过相邻的若干期间的损益表提供的数字进行比较分析，可以预测企业的经营发展趋势和获利能力。

（3）企业管理人员根据损益表数据做出经营决策。比较和分析损益表中各种构成要素，可发现收入、成本、费用与利润之间的消长趋势，发现各方面工作中存在的问题，发现缺点，找出差距，改善经营管理，努力增收节支，做出合理的经营决策。

（4）可解释、评价和预测企业的偿债能力。偿债能力指企业以资产清偿债务的能力。损益表本身并不提供偿债能力的信息，然而企业的偿债能力不仅取决于资产的流动性和资本结构，也取决于获利能力。例如，一家数年收益很少，获利能力不强甚至亏损的企业，通常其偿债能力不会很强。

（二）损益表的参数解读

1. 销售

损益表中的销售指的是销售收入，对于物流企业来说也就是企业全年的运费总和。

2. 直接成本

在沙盘系统中直接成本由燃油费和装卸费用组成。

3. 综合费用

第三方物流企业的综合费用包括管理费、广告费、维修费、租金、工资、市场开拓和ISO认证费用等。

4. 折旧

固定资产折旧是指固定资产由于损耗而转移到生产经营管理成果中去的那部分以货币表现的价值。固定资产损耗分有形损耗和无形损耗两种，有形损耗是指固定资产由于在生产经营管理过程中的使用等原因引起的在使用价值或价值上的损失；无形损耗则是指由于技术进步等引起的机器设备等在价值上的损失。固定资产由于损耗而转移到生产经营管理成果中去的那部分价值，应以折旧费用按期计入生产经营管理成本费用，构成生产经营管理成本费用的一个重要组成部分。

5. 财务支出

财务支出包括利息支出、业务支出、管理费支出、事业费支出、固定资产购建支出和其他支出等。本沙盘的财务支出仅指以负债形式形成的利息。

（三）损益表各参数计算方法

年末，要核算企业当年的经营成果，编制损益表。损益表中各项目的计算如表5-22

所示（如果前几年利润为负数，今年的盈利可用来弥补以前的亏损，可以减除的亏损至多为 3 年）。

表 5-22 损益表

（编报单位：M）

项目	行次	数据来源
销售	1	车辆运输成本分析表中的运费合计
直接成本	2	车辆运输成本分析表中的燃油费和装卸费用的成本合计
毛利	3	第 1 行数据 – 第 2 行数据
综合费用	4	管理费 + 广告费 + 维修费 + 租金 + 工资 + 市场开拓 +ISO 认证
折旧前利润	5	第 3 行数据 – 第 4 行数据
折旧	6	固定资产明细表中本期折旧合计
支付利息前利润	7	第 5 行数据 – 第 6 行数据
财务收入 / 支出	8	借款、民间融资、贴现等支付的利息计入财务支出
额外收入 / 支出	9	变卖交通工具 + 变卖仓库 + 变卖办公室 + 罚金 + 其他（快速交货费用）+ 固定资产清理费用 + 订单转让费 – 购买订单费用
税前利润	10	第 7 行数据 +/– 第 8 行数据 +/– 第 9 行数据
所得税	11	第 10 行数据 × 0.25
净利润	12	第 10 行数据 – 第 11 行数据

二、资产负债表

资产负债表是反映企业在某一特定日期（如月末、季末、年末）全部资产、负债和所有者权益情况的会计报表，是企业经营活动的静态体现，根据"资产 = 负债 + 所有者权益"这一平衡公式，依照一定的分类标准和次序，将某一特定日期的资产、负债、所有者权益的具体项目予以适当的排列编制而成。它表明企业在某一特定日期所拥有或控制的经济资源、所承担的现有义务和所有者对净资产的要求权。通过资产负债表，可以了解企业所掌握的经济资源及其分布情况；了解企业的资本结构；分析、评价、预测企业的短期偿债能力和长期偿债能力；正确评估企业的经营业绩。

（一）**资产负债表的作用**

（1）资产负债表向人们揭示了企业拥有或控制的资产总规模及具体的分布形态。由于不同形态的资产对企业的经营活动有不同的影响，因而通过对企业资产结构进行分析可以对企业的资产质量做出一定的判断。

（2）把流动资产（一年内可以或准备转化为现金的资产）、速动资产（流动资产中变现能力较强的货币资金、债权、短期投资等）与流动负债（一年内应清偿的债务责任）联系起来分析，可以评价企业的短期偿债能力。这种能力对企业的短期债权人尤为重要。

（3）通过对企业债务规模、债务结构及与所有者权益的对比，可以对企业的长期偿债能力及举债能力（潜力）做出评价。一般而言，企业的所有者权益占负债与所有者权益的比重越大，企业清偿长期债务的能力越强，企业进一步举借债务的潜力也就越大。本沙盘中企业的借款额度也是参照上一年的所有者权益制定的，权益越高借款额度就越高。

（4）通过对企业不同时点资产负债表的比较，可以对企业财务状况的发展趋势做出判断。可以肯定地说，企业某一特定日期（时点）的资产负债表对信息使用者的作用极其有限。只有把不同时点的资产负债表结合起来分析，才能把握企业财务状况的发展趋势。同样，将不同企业同一时点的资产负债表进行对比，还可对不同企业的相对财务状况做出评价。

（5）通过对资产负债表与损益表有关项目的比较，可以对企业各种资源的利用情况做出评价。如可以考察资产利润率、运用资本报酬率、存货周转率、债权周转率等。

（二）资产负债表的参数解读

本沙盘中对资产负债表做了简化，包括以下几个重要参数。

1. 流动资产

本表中流动资产包括现金、应收款。这两者之和就是流动资产的合计值。

2. 固定资产

本表中固定资产包括土地和建筑（含在建工程）及机器设备。土地和建筑是指企业在全国各地购买的的办公室、仓库。机器设备是指企业购置的各种交通工具。租赁的办公室、仓库和交通工具不计算在内。

3. 长期负债

长期负债指的是企业每年在年底申请的没有偿还的长期负债之和。

4. 短期负债

短期负债指的是每季度申请的还没有到期的短期负债之和。

5. 应付款

应付款在本沙盘中指的是企业购买的办公室、仓库、交通工具采用分期付款的方式还没有支付完成的尾款。

6. 应交税

企业盈利后会在年底计算税金，明年年初缴纳。本沙盘企业所得税的税率是25%，在沙盘模拟中规定先弥补前几年的亏损，然后再按照税前利润计算税金。

7. 总负债

总负债是长期负债、短期负债、应付款和应交税的合计值。

8. 股东资本

本沙盘初始股东投资100M，如果没有什么特殊要求，整个沙盘模拟期间是不会发生变化的。

9. 利润留存

利润留存（留存利润）指企业生产经营所获得的，留存在企业尚未以股利形式分配给股东的利润。利润留存是企业历年累积起来的，故又称累积资本。

10. 年度净利

年度净利指的是本年度的税后利润，和利润表中的净利润应该是一致的。

11. 所有者权益

所有者权益是指企业资产扣除负债后，由所有者享有的剩余权益。公司的所有者权益又称为股东权益。所有者权益是所有者对企业资产的剩余索取权，它是企业的资产扣除债权人权益后应由所有者享有的部分，既可反映所有者投入资本的保值增值情况，又体现了保护债权人权益的理念。

本沙盘中所有者权益由股东资本、利润留存和年度净利三部分构成。

（三）资产负债表各参数计算方法

年末，要编制反映企业财务状况的资产负债表。资产负债表中各项目的计算如表 5-23 所示。

表 5-23　资产负债表

（编报单位：M）

资　产	数　据　来　源	负债和所有者权益	数　据　来　源
固定资产：		负债：	
土地和建筑（含在建工程）	办公室和库房价值之和	长期负债	盘点长期负债
机器和设备	运输工具设备价值	短期负债	盘点短期借款
总固定资产	以上两项之和	应付款	盘点应付账款
		应交税	根据利润表中的所得税
		总负债	以上四项之和
流动资产：		权益：	
现金	盘点现金库中的现金	股东资本	股东不增资的情况下为 50M
应收款	盘点应收账款	利润留存	上年利润留存 + 上年利润
		年度净利	利润表中的净利润
总流动资产	以上两项之和	所有者权益	以上三项之和
总资产	总流动资产 + 总固定资产	负债加权益	总负债 + 所有者权益

职业判断与业务操作

一、损益表的制作

我们模拟的企业是一个创业型企业,初始启动资金是 100M,所以在年初时我们的损益表各项数据全部都是 0,如图 5-80 所示。

在企业经营过程中,只要有资金的流入和流出,损益表就会发生变化,我们以经营 1 个季度的业务给大家说明损益表中各数据和业务的关联关系。

首先在第 1 季度经营完成后点击"经营分析",选择"损益表/资产负债表"就可以看到现有的损益表变化,如图 5-81 所示。

损益表		
项目	表达式	上年值(M)	当年值(M)
销售	+	0	0
直接成本	-	0	0
毛利	=	0	0
综合费用	-	0	0
折旧前利润	=	0	0
折旧	-	0	0
支付利息前利润	=	0	0
财务收入/支出	-	0	0
额外收入/支出	+/-	0	0
税前利润	=	0	0
所得税	-	0	0
净利润	=	0	0

图 5-80 年初损益表

图 5-81 经营分析列表图

第 1 季度损益表如图 5-82 所示。

损 益 表			
项目	关系表达式	上年值(M)	当年值(M)
销售	+	0	28
直接成本	-	0	-19
毛利	=	0	9
综合费用	-	0	-28
折旧前利润	=	0	-19
折旧	-	0	0
支付利息前利润	=	0	-19
财务收入/支出	-	0	0
额外收入/支出	+/-	0	-9
税前利润	=	0	-28
所得税	-	0	0
净利润	=	0	-28

图 5-82 第 1 季度损益表

其次，我们都知道损益表中的数据和现金流量表密不可分，我们来看一下两者的关联，如图 5-83 所示。

现金流量表			
		现金：85	
经营年度	季度	项目	金额(M)
1	1	期初现金(*)	100
1	1	支付应交税	0
1	1	市场广告投入	-1
1	1	获得短期贷款(+)	0
1	1	短期贷款及利息	0
1	1	应收款到期(+)	10
1	1	应付款到期(-)	0
1	1	折现费用	0
1	1	购买办公室	-4
1	1	购买仓库	0
1	1	购买运输工具	0
1	1	办公室租赁费	-4
1	1	仓库租赁费	-1
1	1	运输工具租赁费	-5
1	1	罚金	-9
1	1	燃油费	-17
1	1	装卸费	-2
1	1	其他	0
1	1	行政管理费用	-1
1	1	市场开拓投资	-8
1	1	工人工资	-8
1	2	市场广告投入	0
1	2	获得短期贷款(+)	40
1	2	短期贷款及利息	0

损益表			
项目	关系表达式	上年值(M)	当年值(M)
销售	+	0	28
直接成本	-	0	-19
毛利	=	0	9
综合费用	-	0	-28
折旧前利润	=	0	-19
折旧	-	0	0
支付利息前利润	=	0	-19
财务收入/支出		0	0
额外收入/支出	+/-	0	-9
税前利润	=	0	-28
所得税	-	0	0
净利润	=	0	-28

图 5-83　现金流量表和损益表数据关系图

以上数据在沙盘界面也可以随时看到，在综合费用处可以看到各项费用明细，将鼠标放到综合费用处，明细就自动显现出来了，在市场认证处可以看到市场开发费用明细，如图 5-84、图 5-85 所示。

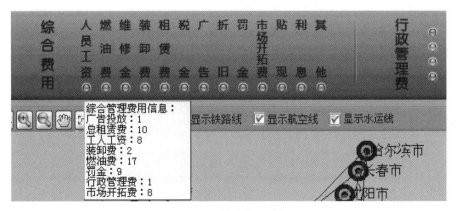

图 5-84　综合费用明细

图 5-85 市场开发费用明细

以上是我们以 1 个季度的数据来说明损益表的数据来源。一般情况下,我们是到年底才关注损益表的数据,如果这时候发现亏损严重,再调整企业策略就有点为时已晚,所以大家要随时关注损益表,及时调整经营策略。以上提到的直接成本、综合费用、额外收入/支出是显示 4 个季度的累计值,折旧、财务收入/支出和所得税这三个指标是在年底一次性计算出来的。

二、资产负债表的制作

我们模拟的企业是一个创业型企业,初始启动资金是 100M,所以在年初时我们的资产负债表除现金和股东资本外,其他各项数据全部都是 0,如图 5-86 所示。

项目	表达式	上年值(M)	当年值(M)	项目	表达式	上年值(M)	当年值(M)
固定资产				负债			
土地和建筑	+	0	0	长期负债	+	0	0
机器和设备	+	0	0	短期负债	+	0	0
总固定资产	=	0	0	应付款	+	0	0
				应交税	+	0	0
				总负债	=	0	0
				权益			
流动资产				股东资本	+	100	100
现金	+	100	100	利润留存	+	0	0
应收款	+	0	0	年度净利	+	0	0
总流动资产	=	100	100	所有者权益	=	100	100
总资产	=	100	100	负债加权益	=	100	100

图 5-86 年初企业资产负债表

经过 1 个季度的经营后企业的资产负债表如图 5-87 所示。

项目	关系表达式	上年值(M)	当年值(M)	项目	关系表达式	上年值(M)	当年值(M)
固定资产				负债			
土地和建筑	+	0	20	长期负债	+	0	0
机器和设备	+	0	0	短期负债	+	0	40
总固定资产	=	0	20	应付款	+	0	11
				应交税	+	0	0
				总负债	=	0	51
				权益			
流动资产				股东资本	+	100	100
现金	+	100	85	利润留存	+	0	0
应收款	+	0	18	年度净利	+	0	-28
总流动资产	=	100	103	所有者权益	=	100	72
总资产	=	100	123	负债加权益	=	100	123

图 5-87 经营第 1 季度后的资产负债表

资产负债表与现金流量表的数据对应关系如图 5-88 所示。

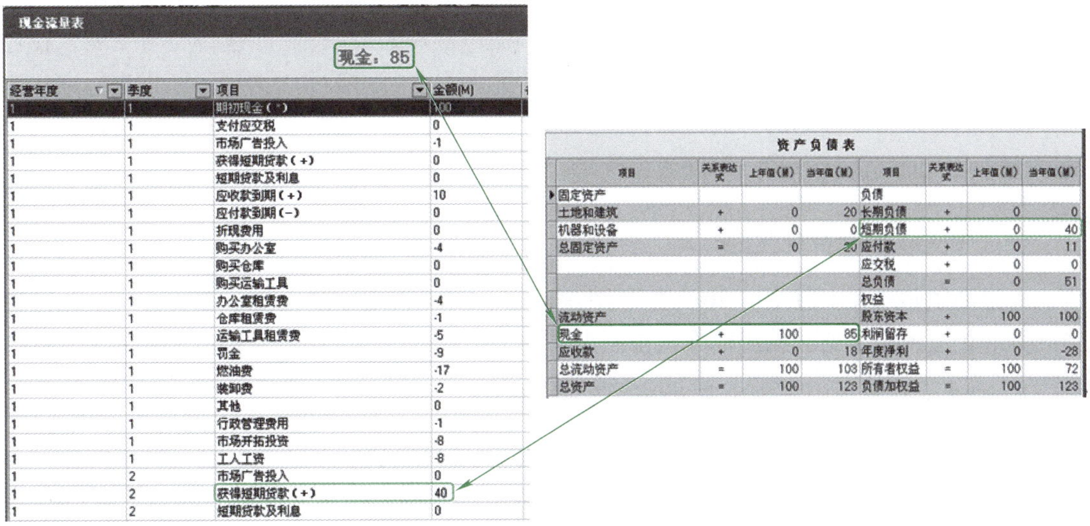

图 5-88　资产负债表与现金流量表数据关系

资产负债表的数据反映了企业有多少资产，是什么资产，有多少负债，是哪些负债，净资产是多少，其构成如何。其对应情况如图 5-89 所示。

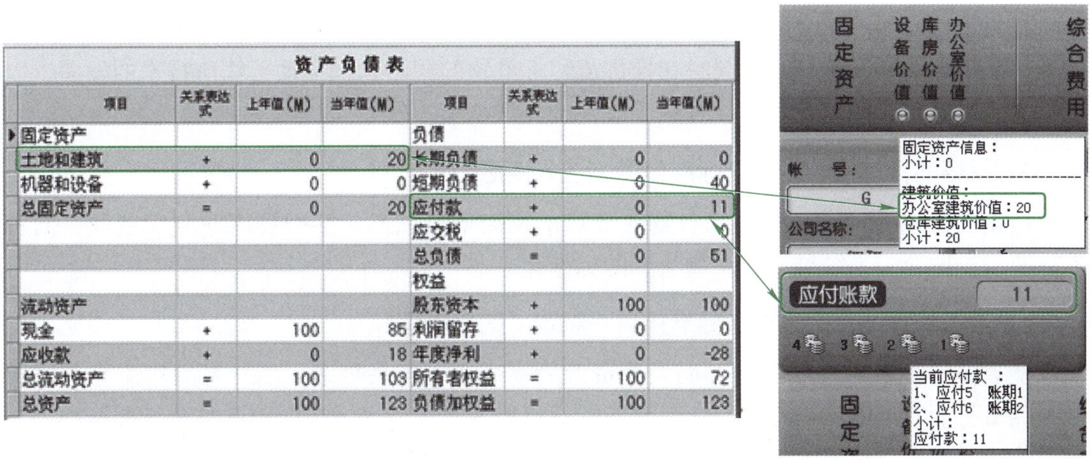

图 5-89　资产负债表与盘面资产负债对应关系

思考与练习题

1. 第三方物流公司的综合费用包括哪些费用？
2. 企业净利润受到哪些因素和指标影响？
3. 如何提高企业净利润？
4. 如何提高企业所有者权益？

扩展阅读：标准规范的物流服务，以人为本的传统精神

党的十九大以来，中国经济步入新时代，2020年以来物流行业加速转型与发展，在业务量和业务模式不断变化的今天，物流行业要满足快速发展的需求，必须不断推进标准化改革。国家商务部也不断加码升级，以托盘的标准化改革为切入点，积极推进物流各环节节点的改造升级，而物流行业的降本增效也效果明显。

一、中国物流标准化之路

为推动物流标准化工作，2003年，国家成立"全国物流标准化技术委员会"，我国的物流标准化进入快车道。物流标准化按照由易到难、由单一到复杂的思路有序开展。

1. 设备的标准化，为物流标准化道路打下基础

要建立科学规范、高效协同的物流服务体系，基础设施标准化是首先要解决的问题，以托盘为例，在国家开展标准化建设之前，物流企业的托盘无论是尺寸还是材质都各不相同，各企业完全依赖原生态的物流设备开展业务，这就导致企业之间的业务衔接流程多、时间长，大大降低了作业效率。2003年，国家以托盘为抓手，推动了托盘、物流周转箱、货架、车辆车厢、集装箱、产品包装模数等系列标准协同规范和标准统一，大幅度提升了物流效率。

2. 流程的标准化，为物流标准化道路贡献新思路

在设施设备标准化的基础上，国家积极推进流程标准化，通过带托运输、带托配送等流程，减少装卸和搬运环节，同时在推进流程标准化的同时，也推动了物流技术的发展，以商品二维码为代表的信息技术，贡献了巨大的经济价值。

3. 网络的标准化，为物流标准化道路注入新活力

所谓网络的标准化，是推动各物流节点的网络信息共享，实现物流业与制造业、商贸流通业信息融合，系统推动智慧物流网的标准化。

4. 服务的标准化，为物流标准化道路制定"阳光工程"

随着电子商务的发展，直接面向消费者的物流业务越来越多，消费者的物流服务体验成为物流行业发展的试金石，因此，国家邮政总局颁布出台了《快递服务邮政行业标准》，国家物价部门核定快递收费标准，这样消费者能够清晰明确地了解自己接受的快递服务是否达到了国家标准，对行业的稳定发展起到了至关重要的作用。

二、以人为本的标准化之路

在形成了设施设备标准化、流程标准化、网络标准化、服务标准化之后，中国的物流业得到了迅猛发展，但是在发展过程中，依然会出现一些不和谐的音符，基于此，国家积极行动，引导冷链物流朝着标准化的道路发展。

（一）医药、食品行业关系国计民生，冷链标准全面指导

2016年3月，山东警方破获案值5.7亿元非法疫苗案，疫苗未经严格冷链存储运输销往

24个省市，严重影响人民生命健康，此次事件给中国医药冷链物流敲响了警钟。国务院于2016年4月25日发布《关于修改〈疫苗流通和预防接种管理条例〉的决定》，明确了厂家的无限责任，责令各地政府以GSP规范为标准进行监督检查，疫苗配送不是简单的物流而是运输与商务相结合的复杂服务。疫苗新规将疾控的收货标准提高到前所未有的高度，最后一公里以及产品交接成为整条链中最为困难的环节。

2020年新冠肺炎疫情暴发，消费者线上采购生鲜食品成了生活常态，加速了食品冷链的发展。但是，在2020年11月，山东、湖北、福建、甘肃、河南、陕西等多地在冷链环境中检测出新冠病毒核酸阳性，严重威胁人类健康。冷链这一涉及老百姓餐桌的前端物流服务，被提到了更高的层次。

既然冷链涉及老百姓的餐桌，那么就应该从立法的层面严加管理，强化法律监管。

1. 《食品安全法》修订，落实最严格的法律监管责任制

2021年，国务院修订了《中华人民共和国食品安全法》，这一法律被认为是史上最严格的食品安全法，食品的生产、经营、物流等任何参与到食品流通环节的企业都要对食品安全承担责任，充分体现了以人为本的精神实质。

2. 《交通运输标准化管理办法》，细化冷链运输标准

2019年5月，交通运输部发布《交通运输标准化管理办法》，明确规定了要细化交通运输环节的业务标准，其中包括标准的制定方法、原则，标准的实施与监督等，致力于推动冷链标准的制定与实施。

3. 一系列冷链标准出台，360度全面规划

2019年7月，《食品安全国家标准 食品冷链物流卫生规范》强制性国家标准制定工作立项推进，并公开向社会征集意见。2021年3月11日，《食品安全国家标准 食品冷链物流卫生规范》（GB 31605—2020）正式实施。该标准规定了食品在冷链物流过程中的设施设备、交接、运输配送、储存、人员和管理制度、产品追溯及召回、文件管理等方面的基本要求和管理准则，是一部冷链业务百科全书。

2019年7月，《冷链物流分类与基本要求》国家标准启动研讨。2022年6月1日，《冷链物流分类与基本要求》（GB/T 28577—2021）正式实施。该标准规定了冷链物流的相关术语和定义、冷链物流分类和冷链物流的基本要求，是冷链业务的纲领性文件

2020年3月，国家市场监督管理总局、国家标准化管理委员会印发的国家标准《冷藏、冷冻食品物流包装、标志、运输和储存》（GB/T 24616—2019）正式实施，该标准规定了冷藏、冷冻食品在物流过程中的包装、标志、运输、储存和追溯要求，是指导冷链业务的指导性文件。

2020年9月5日，《食品冷链物流交接规范》国家标准启动会在烟台成功召开，从9月到12月，分别在烟台、上海、江苏、成都、新疆、海口召开标准研讨会。2022年6月1日，《食品冷链物流交接规范》（GB/T 40956—2021）正式实施，规定了冷链食品从生产到销售环节的交接作业要求，适用于食品冷链物流交接环节的管理。

（二）安全责任事故频发，危化品物流标准保护人民安全

2015年8月12日，位于天津市滨海新区天津港的××公司危险品仓库发生火灾爆炸事故，造成165人遇难，8人失踪，798人受伤，304幢建筑物、12 428辆商品汽车、7 533个集装箱受损，核定的直接经济损失68.66亿元。2020年6月，挂车牌号为浙CM×××挂的LPG液化石油气槽罐车行驶至G15沈海高速公路往温州方向温岭西出口互通匝道中段发生爆炸，炸飞的槽罐车砸塌路侧的一间厂房并发生了二次爆炸，引发周边民房及厂房倒塌。事故造成19人遇难，172人住院治疗，周边建筑物受到不同程度的损坏。不断发生的安全事故严重威胁人民生命财产安全。

2018年12月，《危险货物道路运输规则》（JT/T 617—2018）正式发布，该标准的出台对于促进危化物流行业安全高效发展，加快危险货物道路运输标准与国际规则接轨，具有重要的现实意义。

该标准在整合原有零散标准的基础上，补充了危化品运输中的关键技术要求，例如包装要求、托运要求、装卸要求等具体作业指标。

（三）过度包装严重，包装物流标注促进节能减排

随着电子商务的发展，快递业务激增，随之而来的快递包装成为环境杀手。据统计，我国快递业每年消耗的纸类废弃物超过900万吨、塑料废弃物约180万吨，并呈快速增长趋势，对环境造成的影响不容忽视。加强快递包装污染治理已受到政府和产业界的高度关注。要实现快递包装的绿色化、减量化和可循环，还需要标准予以支撑。

2020年8月，市场监管总局、发展改革委、科技部、工业和信息化部、生态环境部、住房城乡建设部、商务部、邮政局联合印发《关于加强快递绿色包装标准化工作的指导意见》，建立覆盖产品、评价、管理、安全各类别，以及研发、设计、生产、使用、回收处理各环节的快递绿色包装标准体系框架。

参 考 文 献

[1] 张梅,王鹏. 物流企业模拟经营沙盘实训 [M]. 广州:华南理工大学出版社,2013.
[2] 高中玖,毕思勇. 市场营销 [M]. 2版. 北京:北京理工大学出版社,2020.
[3] 彭艳,马娅,李丽. 现代企业管理 [M]. 南昌:江西高校出版社,2019.
[4] 沈默. 现代物流案例分析 [M]. 2版. 南京:东南大学出版社,2015.
[5] 张庆英. 物流案例分析与实践 [M]. 3版. 北京:电子工业出版社,2018.
[6] 王松林. 物流案例与实践 [M]. 上海:上海交通大学出版社,2008.
[7] 彭扬. 现代物流学案例与习题 [M]. 北京:中国物资出版社,2009.

物流业水效率测度及节水减排培训教程

第2版

培训手册

Contents 目录

» 第一部分 市场调研简图（12道填空式） 1

» 第二部分 物流企业内部流程运作管控制流程图 7

» 第三部分 公司报销申请单 28

» 第四部分 物流电子沙盘教学演练使用说明 29

第一部分 市场预测图（12组模式）

12组模式下按城市统计的全部产品市场预测图（见图1-1～图1-12）。

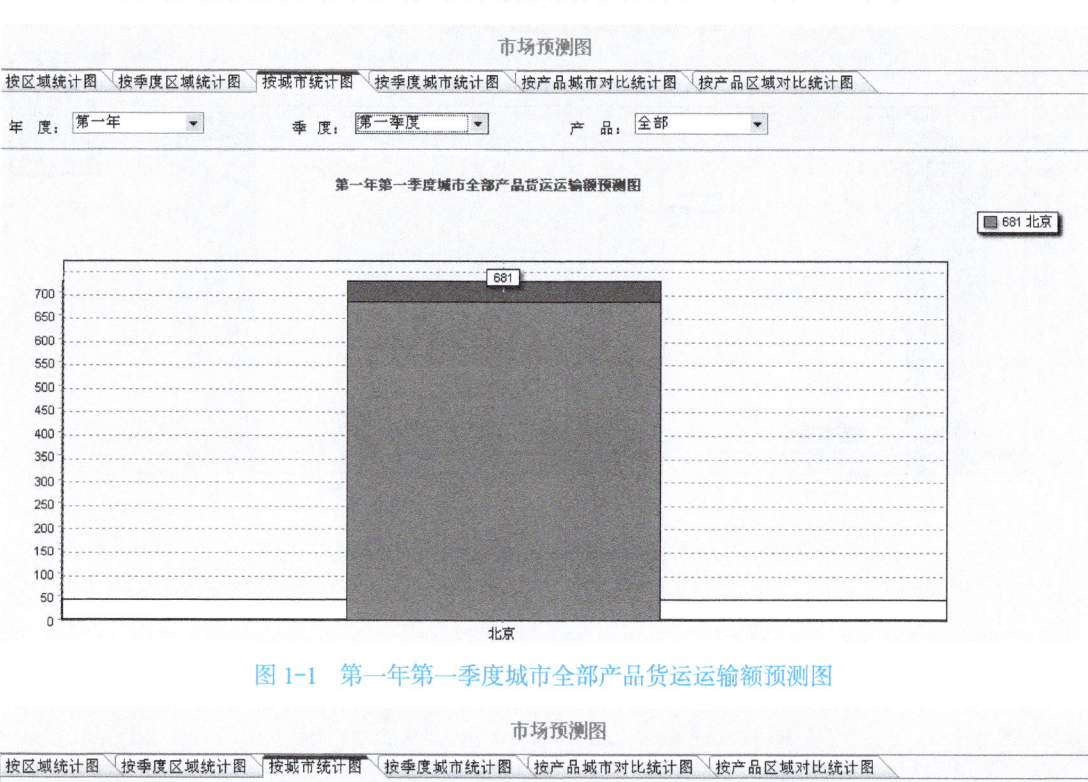

图1-1　第一年第一季度城市全部产品货运运输额预测图

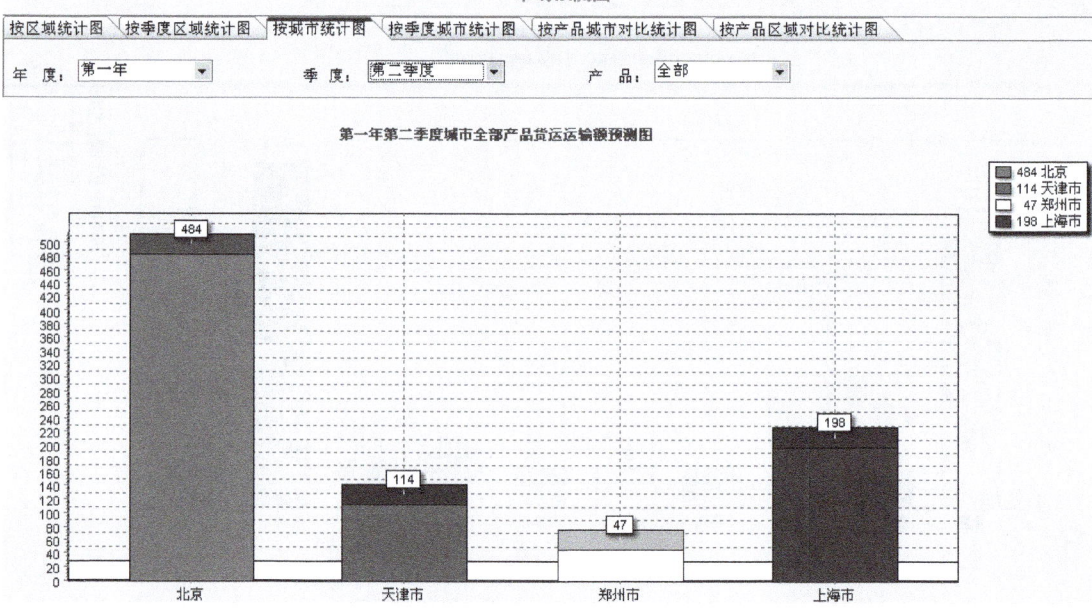

图1-2　第一年第二季度城市全部产品货运运输额预测图

1

物流企业沙盘模拟实训教程 第2版（实训手册）

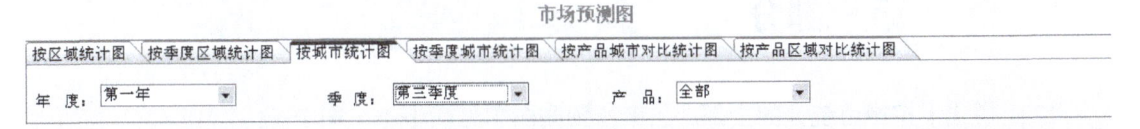

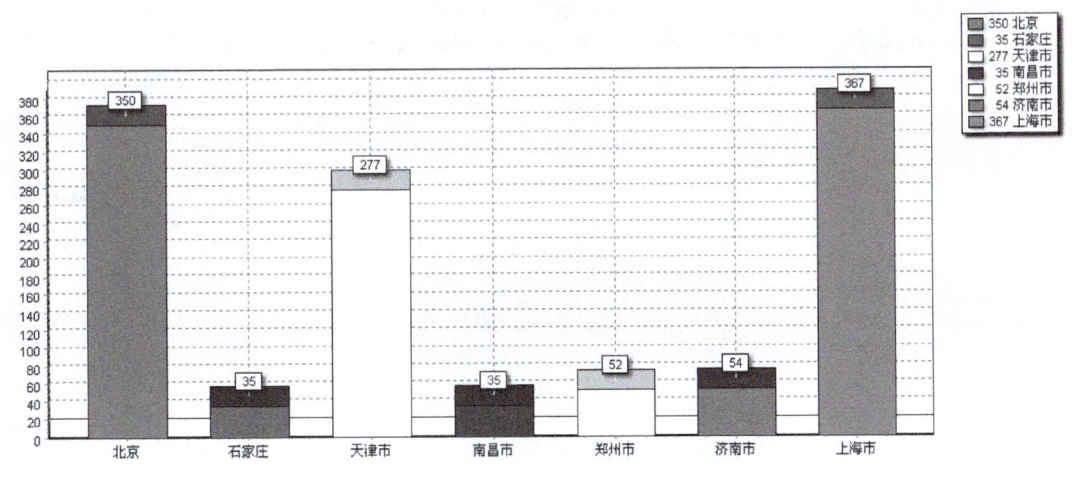

图1-3 第一年第三季度城市全部产品货运运输额预测图

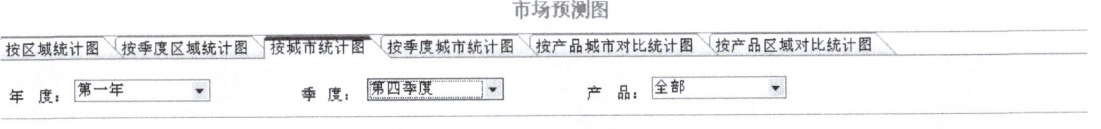

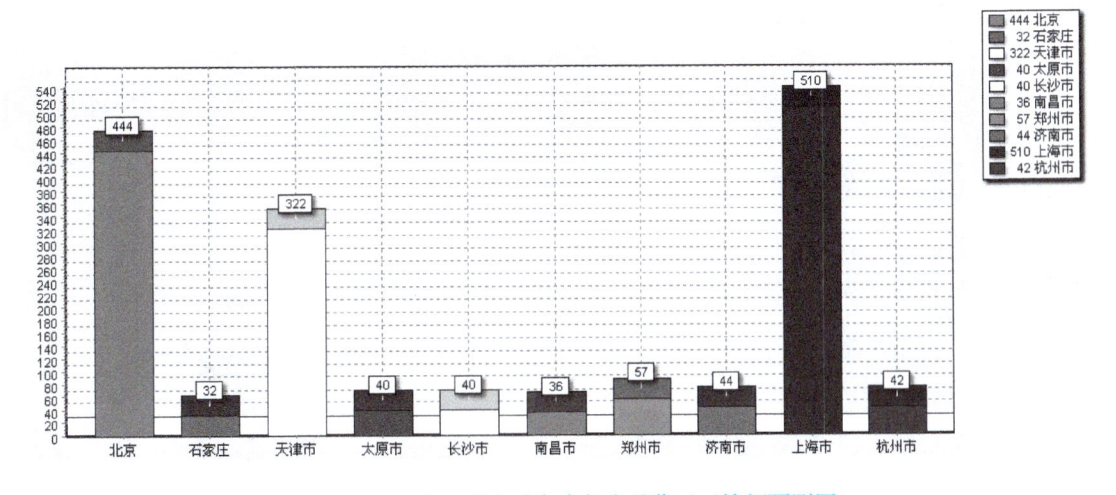

图1-4 第一年第四季度城市全部产品货运运输额预测图

2

第一部分 市场预测图（12 组模式）

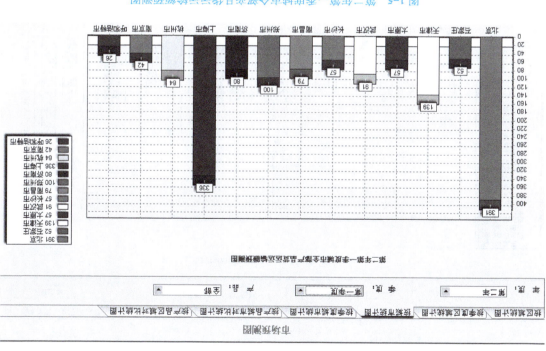

图 1-5 第二年第一季度城市名牌产品发货总额预测图

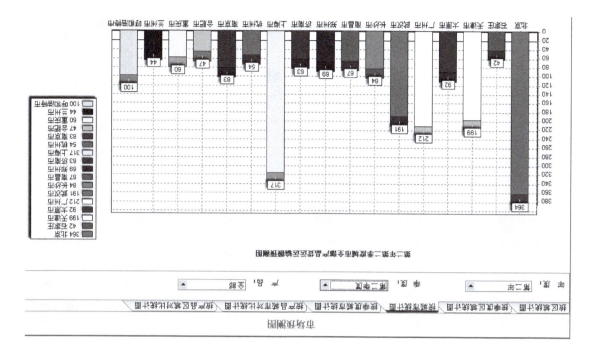

图 1-6 第二年第二季度城市名牌产品发货总额预测图

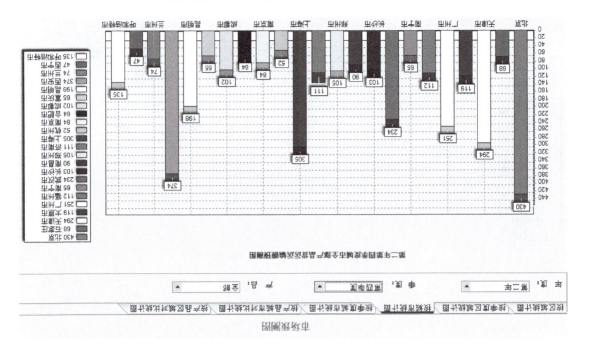

图 1-8 第二年第四季度城市分焦产品试区总销量预测图

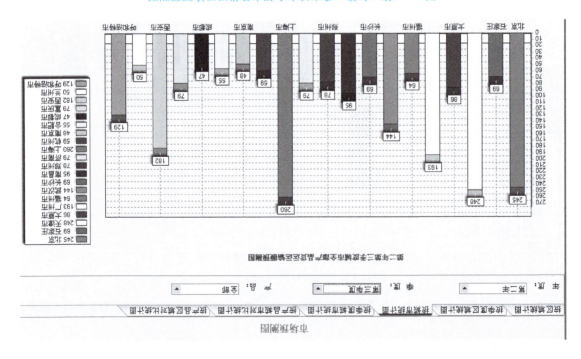

图 1-7 第二年第三季度城市分焦产品试区总销量预测图

第一部分　市场预测图（12 组模式）

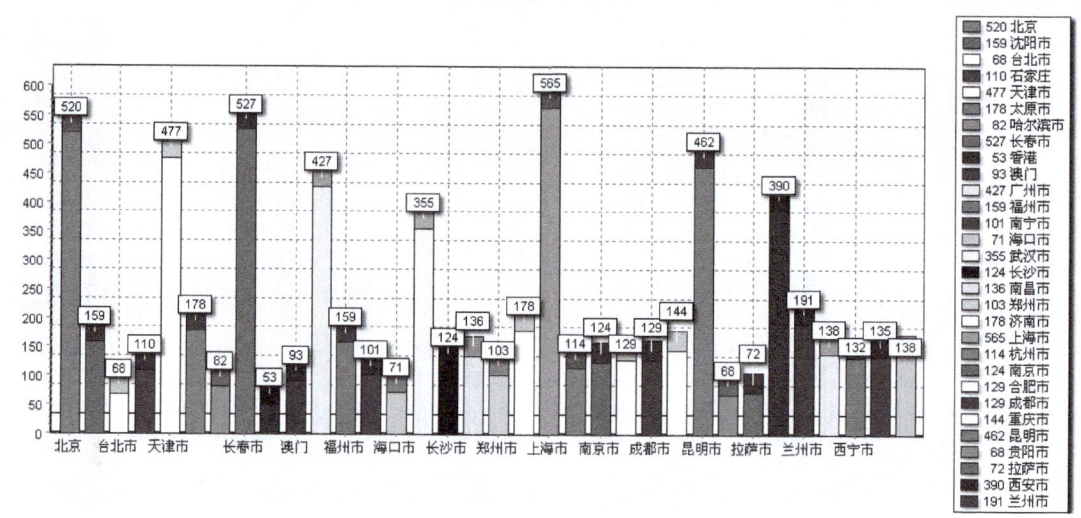

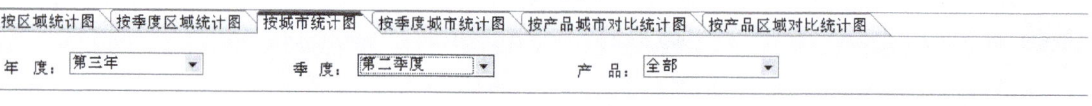

图 1-9　第三年第一季度城市全部产品货运运输额预测图

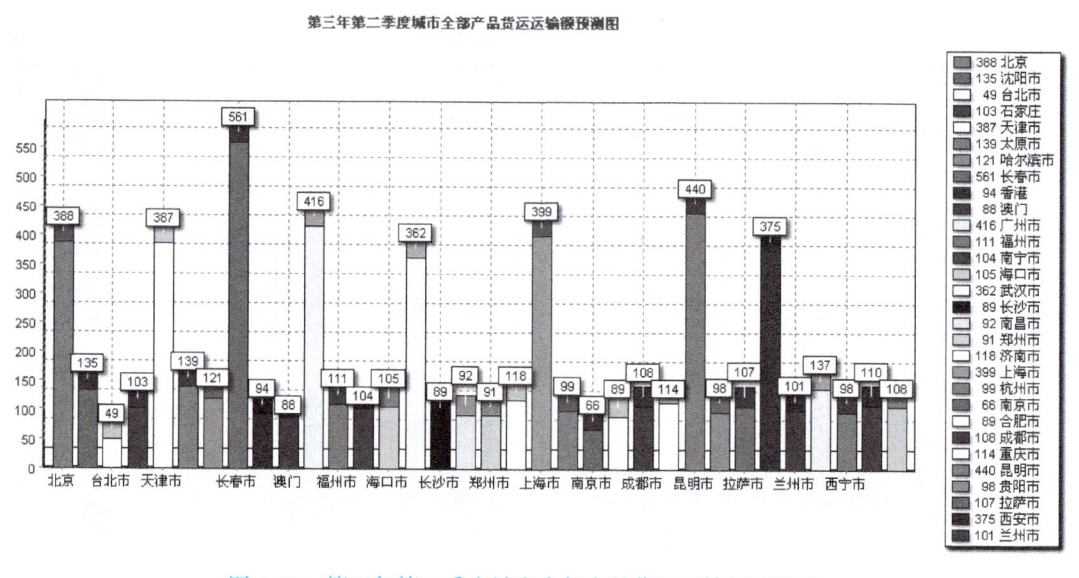

图 1-10　第三年第二季度城市全部产品货运运输额预测图

物流企业沙盘模拟实训教程 第2版（实训手册）

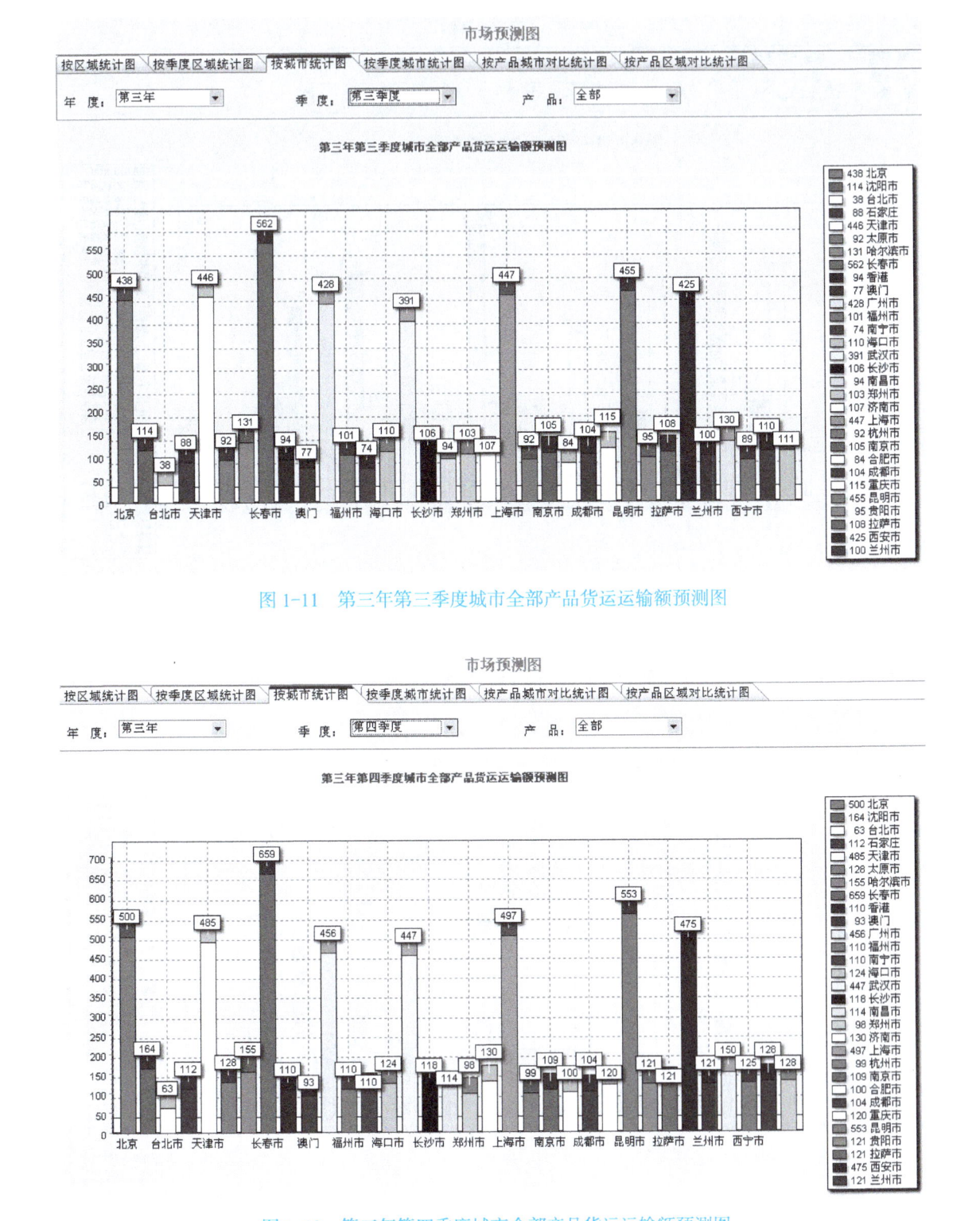

图 1-11　第三年第三季度城市全部产品货运运输额预测图

图 1-12　第三年第四季度城市全部产品货运运输额预测图

第二部分 物流business执行情况检测及用电据

第一节 第一季度

一、运行员记录表

表 2-1-1 经营的记录表（CEO 和财务总流填写）

任务清单（请根据序行下列各项店填写，在各部分不需要填写，每执行方一项情件在 CEO 左小方格打"√"，财务总监在当周为核定项店情件和财务收支情况。）

时间	任务名称	第一季度				第二季度				第三季度				第四季度			
每年初	支付行政开办费——一年																
每季度	选择投资标的																
	多种对应奖励																
	税额缴纳/消费税等																
	重新投放/广告等																
	确定采购																
	确定采购																
	员工工商																
每周	货物到货	☐☐☐☐☐☐☐☐☐☐☐☐				☐☐☐☐☐☐☐☐☐☐☐☐				☐☐☐☐☐☐☐☐☐☐☐☐				☐☐☐☐☐☐☐☐☐☐☐☐			
	运费结算	☐☐☐☐☐☐☐☐☐☐☐☐				☐☐☐☐☐☐☐☐☐☐☐☐				☐☐☐☐☐☐☐☐☐☐☐☐				☐☐☐☐☐☐☐☐☐☐☐☐			
	货物入库	☐☐☐☐☐☐☐☐☐☐☐☐				☐☐☐☐☐☐☐☐☐☐☐☐				☐☐☐☐☐☐☐☐☐☐☐☐				☐☐☐☐☐☐☐☐☐☐☐☐			
	货物入库	☐☐☐☐☐☐☐☐☐☐☐☐				☐☐☐☐☐☐☐☐☐☐☐☐				☐☐☐☐☐☐☐☐☐☐☐☐				☐☐☐☐☐☐☐☐☐☐☐☐			
	运费分析	☐☐☐☐☐☐☐☐☐☐☐☐				☐☐☐☐☐☐☐☐☐☐☐☐				☐☐☐☐☐☐☐☐☐☐☐☐				☐☐☐☐☐☐☐☐☐☐☐☐			
	运费调度	☐☐☐☐☐☐☐☐☐☐☐☐				☐☐☐☐☐☐☐☐☐☐☐☐				☐☐☐☐☐☐☐☐☐☐☐☐				☐☐☐☐☐☐☐☐☐☐☐☐			
	货物到货	☐☐☐☐☐☐☐☐☐☐☐☐				☐☐☐☐☐☐☐☐☐☐☐☐				☐☐☐☐☐☐☐☐☐☐☐☐				☐☐☐☐☐☐☐☐☐☐☐☐			
每季度	支付行政最管费用																
	市场开拓/ ISO 系统识证																
	确定采租 新办公室																
	员工培训 支付工资																
每年	长期保险 支付保险费																
	折旧																
	其他																

表 2-1-2 订购登记单（请根据实际填写）

订单号	产品	单位	数量	房主姓	房主名	联系 电话	签约 客户	到访 客户	划卡 客户	送货 客户	备注	销售 成本	毛利
合计													

表 2-1-3 送货签收列单（请根据实际填写）

编号	客户	客户	联系 电话	订货号	所在楼栋	备注	签收单
合计							

表 2-1-4　库存分拣明细表（仅在领料人员填写）

编号	分拣区	存放	存放货架	应拣数	订单号	应体数	应重量	备注
合计								

表 2-1-5　起拣装车计划表（运营经理填写）

车号	车型	装车地点	驶往地点	应体数	应重量	订单号	起拣数	装箱数	备注
合计									

表 2-1-6　专项运输成本分析表（财务经理填写）

运输方式	运输重量	运输体积	运输路线	直接成本		间接成本		毛利
				应运输费	应装卸费	应税费	应维护费	
合计								

物流企业沙盘模拟实训教程 第2版（实训手册）

表 2-1-7 购买/租赁办公室及配置人员（财务总监填写）

办公室类别	标准面积	配员（级别）	购买价格	租赁价格

表 2-1-8 员工工资表（财务总监填写）

员工编号	岗位	级别	业务能力	工资基数	实发工资
合计					

表 2-1-9 费用明细表（财务总监填写）

项目	金额	备注
管理费		
市场准入广告费		
工资		
维修费		
租赁费		
市场准入开拓费		□华东□华中□华北□华南□西南□西北□东北
ISO资格认证		□ ISO9000 □ ISO14000
合计		

表 2-1-10 固定资产明细表（财务总监填写）

名称	位置	原值	本期折旧	累计折旧	变动
合计					

二、本季度运营情况汇总

表 2-1-11 本季度办事处、运输设施及仓库汇总

编号	办事处	租赁的运输工具	购买的运输工具	租赁的仓库	购买的仓库

表 2-1-12 运输路线规划图

本季度计划线路	线路 1	
	线路 2	
	线路 3	
	线路 4	
	线路 5	
	线路 6	
	线路 7	

时间	线路 1	线路 2	线路 3	线路 4	线路 5	线路 6	线路 7
第一周							
第二周							
第三周							
第四周							
第五周							
第六周							
第七周							
第八周							
第九周							
第十周							
第十一周							
第十二周							

表 2-1-13 下季度市场策划

市场开发	ISO 开发	办事处设立	市场投标

第二节 第二季度

一、运行记录登录表

表 2-2-1　经营收支核记录表（CEO 和财务总监填写）

任务清单（请按顺序执行下列各项操件，灰色部分为不需要填写。每执行完一项操作在"√/×"栏务必填在右图为核效和费用发生收支情况。）

时间	任务名称	第一季度	第二季度	第三季度	第四季度
年初	支付应交税一年				
年初	计划销售的注一年				
每季度初	运营损失补贴				
	参加对外投资				
	预期贷款/支付利息				
	重新收收款/付款				
	确定或调整 仓库				
	确定或调整 运输工具				
每周	货物到货	□□□□□□□□□□□□	□□□□□□□□□□□□	□□□□□□□□□□□□	□□□□□□□□□□□□
	货物验收	□□□□□□□□□□□□	□□□□□□□□□□□□	□□□□□□□□□□□□	□□□□□□□□□□□□
	送货上路	□□□□□□□□□□□□	□□□□□□□□□□□□	□□□□□□□□□□□□	□□□□□□□□□□□□
	货物入库	□□□□□□□□□□□□	□□□□□□□□□□□□	□□□□□□□□□□□□	□□□□□□□□□□□□
	货物分拣	□□□□□□□□□□□□	□□□□□□□□□□□□	□□□□□□□□□□□□	□□□□□□□□□□□□
	运输调度	□□□□□□□□□□□□	□□□□□□□□□□□□	□□□□□□□□□□□□	□□□□□□□□□□□□
	送货签收	□□□□□□□□□□□□	□□□□□□□□□□□□	□□□□□□□□□□□□	□□□□□□□□□□□□
每季度末	支付行政费用				
	市场开拓/ISO 资格认证				
	确定或调整 办公室				
	人员招聘				
	支付工资				
年末	长期贷款				
	支付借款利息				
	付出				
	关账				

第二部分　物流公司内部运营管理制度制订与用表

表 2-2-2　订货登记表（请销货员填写）

订货单号	产品	单位	数量	房重量	房体积	签名部门	托运公司	到达城市	所在城市	运费	超体成本	毛利
合计												

表 2-2-3　揽货案件计划表（请销货员填写）

编号	单号	专线	订单号	所在城市	房体积	房重量	装卸费
合计							

表 2-2-4 库存分拣明细表（仓库保管人员填写）

编号	分拣区	仓库	存货编号	存货名称	订单号	应发数	实发数量	备注
合计								

表 2-2-5 配送签收计划表（完成应收填写）

编号	客户	客户地址	到达地城市	订单号	应发数	应付货量	装运费	备注
合计								

表 2-2-6 专线运输成本分析表（财务部门填写）

运输车号	应付货量	应付运费	运输方式	直接成本			间接成本		合计
				应装卸费	应装卸费	应装卸费	应租赁费	应维修费	
合计									

第二部分　物流企业内部流程控制常用单据

表 2-2-7　购买/租赁办公室及配置人员（财务总监填写）

办公室类别	标准面积	配员（级别）	购买价格	租赁价格

表 2-2-8　员工工资表（财务总监填写）

员工编号	岗位	级别	业务能力	工资基数	实发工资
合计					

表 2-2-9　费用明细表（财务总监填写）

项目	金额	备注
管理费		
市场准入广告费		
工资		
维修费		
租赁费		
市场准入开拓费		□华东□华中□华北□华南□西南□西北□东北
ISO 资格认证		□ ISO9000　　　□ ISO14000
合计		

表 2-2-10　固定资产明细表（财务总监填写）

名称	位置	原值	本期折旧	累计折旧	变动
合计					

二、本季度运营情况汇总

表 2-2-11　本季度办事处、运输设施及仓库汇总

编号	办事处	租赁的运输工具	购买的运输工具	租赁的仓库	购买的仓库

表 2-2-12　运输路线规划图

本季度计划线路	线路 1	
	线路 2	
	线路 3	
	线路 4	
	线路 5	
	线路 6	
	线路 7	

时间	线路 1	线路 2	线路 3	线路 4	线路 5	线路 6	线路 7
第一周							
第二周							
第三周							
第四周							
第五周							
第六周							
第七周							
第八周							
第九周							
第十周							
第十一周							
第十二周							

表 2-2-13　下季度市场策划

市场开发	ISO 开发	办事处设立	市场投标

第二部分 第二、三季度

一、运行沟通记录本

表 2-3-1 经理的沟通记录本（CEO 和财务总监填写）

任务清单：（请按顺序执行下列应办的操作，发生部分不需要填写。每执行完一项操作在"√"，所务必做在各月为预定与的实际收支情况。）

时间	任务名称	第一季度	第二季度	第三季度	第四季度
每周	支付应发的一周计划的额度				
	连续投标报出				
每月	参加订货会议				
	支付账款/贷款				
	重新应收账款/回款				
	确定应发租金				
	确定应发员工薪				
	采购订货	☐☐☐☐☐☐☐☐☐☐☐☐☐☐	☐☐☐☐☐☐☐☐☐☐☐☐☐☐	☐☐☐☐☐☐☐☐☐☐☐☐☐☐	☐☐☐☐☐☐☐☐☐☐☐☐☐☐
	发货报告	☐☐☐☐☐☐☐☐☐☐☐☐☐☐	☐☐☐☐☐☐☐☐☐☐☐☐☐☐	☐☐☐☐☐☐☐☐☐☐☐☐☐☐	☐☐☐☐☐☐☐☐☐☐☐☐☐☐
	运输调度	☐☐☐☐☐☐☐☐☐☐☐☐☐☐	☐☐☐☐☐☐☐☐☐☐☐☐☐☐	☐☐☐☐☐☐☐☐☐☐☐☐☐☐	☐☐☐☐☐☐☐☐☐☐☐☐☐☐
	货物入库	☐☐☐☐☐☐☐☐☐☐☐☐☐☐	☐☐☐☐☐☐☐☐☐☐☐☐☐☐	☐☐☐☐☐☐☐☐☐☐☐☐☐☐	☐☐☐☐☐☐☐☐☐☐☐☐☐☐
	场外分析	☐☐☐☐☐☐☐☐☐☐☐☐☐☐	☐☐☐☐☐☐☐☐☐☐☐☐☐☐	☐☐☐☐☐☐☐☐☐☐☐☐☐☐	☐☐☐☐☐☐☐☐☐☐☐☐☐☐
	应收账款	☐☐☐☐☐☐☐☐☐☐☐☐☐☐	☐☐☐☐☐☐☐☐☐☐☐☐☐☐	☐☐☐☐☐☐☐☐☐☐☐☐☐☐	☐☐☐☐☐☐☐☐☐☐☐☐☐☐
	货物发送	☐☐☐☐☐☐☐☐☐☐☐☐☐☐	☐☐☐☐☐☐☐☐☐☐☐☐☐☐	☐☐☐☐☐☐☐☐☐☐☐☐☐☐	☐☐☐☐☐☐☐☐☐☐☐☐☐☐
每季度	支付行政管理费用				
	市场开发/ISO 认证				
	确定应发再办公室				
	人员招聘				
	支付工资				
年末	长期贷款				
	支付薪酬奖金				
	付日				
	关账				

表 2-3-2 订购登记表（零售店填写）

订单号	产品	单位	数量	包装规格	订货量	签约日期	交货公司	到货城市	所在城市	送货成本	预估成本	毛利
合计												

表 2-3-3 接货装车计划单（仓储部填写）

编号	车号	车型	订单号	所在城市	包体积	包重量	装卸费
合计							

第二部分　物流企业内部流程控制常用单据

表 2-3-4　库存分拣明细表（仓库管理人员填写）

编号	分拣区	仓库	所在城市	仓库容量	订单号	总体积	总重量	备注
合计								

表 2-3-5　配货装车计划表（运营总监填写）

车号	车型	发车城市	到达城市	总体积	总重量	订单号	燃油费	装卸费	备注
合计									

表 2-3-6　车辆运输成本分析表（财务总监填写）

运输车号	运输方式	运输总重量	运输总体积	总运费	直接成本		间接成本		毛利
					总燃油费	总装卸费	总租赁费	总维修费	
合计									

物流企业沙盘模拟实训教程 第2版（实训手册）

表 2-3-7 购买/租赁办公室及配置人员（财务总监填写）

办公室类别	标准面积	配员（级别）	购买价格	租赁价格

表 2-3-8 员工工资表（财务总监填写）

员工编号	岗位	级别	业务能力	工资基数	实发工资
合计					

表 2-3-9 费用明细表（财务总监填写）

项目	金额	备注
管理费		
市场准入广告费		
工资		
维修费		
租赁费		
市场准入开拓费		□华东□华中□华北□华南□西南□西北□东北
ISO 资格认证		□ ISO9000 □ ISO14000
合计		

表 2-3-10 固定资产明细表（财务总监填写）

名称	位置	原值	本期折旧	累计折旧	变动
合计					

二、本季度运营情况汇总

表 2-3-11　本季度办事处、运输设施及仓库汇总

编号	办事处	租赁的运输工具	购买的运输工具	租赁的仓库	购买的仓库

表 2-3-12　运输路线规划图

本季度计划线路	线路 1	
	线路 2	
	线路 3	
	线路 4	
	线路 5	
	线路 6	
	线路 7	

时间	线路 1	线路 2	线路 3	线路 4	线路 5	线路 6	线路 7
第一周							
第二周							
第三周							
第四周							
第五周							
第六周							
第七周							
第八周							
第九周							
第十周							
第十一周							
第十二周							

表 2-3-13　下季度市场策划

市场开发	ISO 开发	办事处设立	市场投标

第二节 每周的考核

一、运行过程记录登录

表 2-4-1 每周的过程记录登录（CEO 和财务总监填写）

任务清单：（请按顺序执行下列各项操作，完成相分工需要重填写。每执行完一定操作后 CEO 在以下栏处打"√"，财务总监在右侧栏处记录实际发生成本情况。）

时间 任务名称	第一季度	第二季度	第三季度	第四季度
支付应交税金				
计划新的一年				
选择投标市场				
参加订货会				
每季度 考期	贷款偿还/ 支付利息			
重新应收 账/应收 应付账				
缴交应交 税金库存				
缴交应交 工资				
每周	货物到达	☐☐☐☐☐☐☐☐☐☐☐☐	☐☐☐☐☐☐☐☐☐☐☐☐	☐☐☐☐☐☐☐☐☐☐☐☐	☐☐☐☐☐☐☐☐☐☐☐☐
	货物结算	☐☐☐☐☐☐☐☐☐☐☐☐	☐☐☐☐☐☐☐☐☐☐☐☐	☐☐☐☐☐☐☐☐☐☐☐☐	☐☐☐☐☐☐☐☐☐☐☐☐
	送单接货	☐☐☐☐☐☐☐☐☐☐☐☐	☐☐☐☐☐☐☐☐☐☐☐☐	☐☐☐☐☐☐☐☐☐☐☐☐	☐☐☐☐☐☐☐☐☐☐☐☐
	货物入库	☐☐☐☐☐☐☐☐☐☐☐☐	☐☐☐☐☐☐☐☐☐☐☐☐	☐☐☐☐☐☐☐☐☐☐☐☐	☐☐☐☐☐☐☐☐☐☐☐☐
	货物分拣	☐☐☐☐☐☐☐☐☐☐☐☐	☐☐☐☐☐☐☐☐☐☐☐☐	☐☐☐☐☐☐☐☐☐☐☐☐	☐☐☐☐☐☐☐☐☐☐☐☐
	运输配送	☐☐☐☐☐☐☐☐☐☐☐☐	☐☐☐☐☐☐☐☐☐☐☐☐	☐☐☐☐☐☐☐☐☐☐☐☐	☐☐☐☐☐☐☐☐☐☐☐☐
	客户签收	☐☐☐☐☐☐☐☐☐☐☐☐	☐☐☐☐☐☐☐☐☐☐☐☐	☐☐☐☐☐☐☐☐☐☐☐☐	☐☐☐☐☐☐☐☐☐☐☐☐
每季度	支付区域 普通费用				
	市场开拓 /ISO 资格 认证				
	缴交应交 办公室 租金				
	员工招聘				
	支付工资				
年度	长期贷款 支付偿还款				
	分红				
	关帐				

第二部分 物流花名册与账务管理表格使用表格

表 2-4-2 订购登记表（请供应部填写）

订购号	产地	商号	规格	货重量	签约价格	预定期间	交货 公司	托运 城市	到达 城市	运费	保险 成本	手续
合计												

表 2-4-3 援助条件计划表（定期应供填写）

编号	字号	专题	订购单号	所在城市	货体积	货重量	装卸费
合计							

物流企业沙盘模拟实训教程 第2版（实训手册）

表 2-4-4 库存分拣明细表（仓库管理人员填写）

编号	分拣区	仓库	所在城市	仓库容量	订单号	总体积	总重量	备注
合计								

表 2-4-5 配货装车计划表（运营总监填写）

车号	车型	发车城市	到达城市	总体积	总重量	订单号	燃油费	装卸费	备注
合计									

表 2-4-6 车辆运输成本分析表（财务总监填写）

运输车号	运输方式	运输总重量	运输总体积	总运费	直接成本		间接成本		毛利
					总燃油费	总装卸费	总租赁费	总维修费	
合计									

表 2-4-7 购买 / 租赁办公室及配置人员（财务总监填写）

办公室类别	标准面积	配员（级别）	购买价格	租赁价格

表 2-4-8 员工工资表（财务总监填写）

员工编号	岗位	级别	业务能力	工资基数	实发工资
合计					

表 2-4-9 费用明细表（财务总监填写）

项目	金额	备注
管理费		
市场准入广告费		
工资		
维修费		
租赁费		
市场准入开拓费		□华东□华中□华北□华南□西南□西北□东北
ISO 资格认证		□ ISO9000　　　□ ISO14000
合计		

表 2-4-10 固定资产明细表（财务总监填写）

名称	位置	原值	本期折旧	累计折旧	变动
合计					

二、本季度运营情况汇总

表 2-4-11　本季度办事处、运输设施及仓库汇总

编号	办事处	租赁的运输工具	购买的运输工具	租赁的仓库	购买的仓库

表 2-4-12　运输路线规划图

本季度计划线路	线路 1	
	线路 2	
	线路 3	
	线路 4	
	线路 5	
	线路 6	
	线路 7	

时间	线路 1	线路 2	线路 3	线路 4	线路 5	线路 6	线路 7
第一周							
第二周							
第三周							
第四周							
第五周							
第六周							
第七周							
第八周							
第九周							
第十周							
第十一周							
第十二周							

第二部分　物流企业内部流程控制常用单据

表 2-4-13　下季度市场策划

市场开发	ISO 开发	办事处设立	市场投标

三、本年财务情况汇总

表 2-4-14　损益表（财务总监填写）　　　　　　（编报单位：M）

项目		年初	年末
销售	+	0	
直接成本	−	0	
毛利	=	0	
综合费用	−	0	
折旧前利润	=	0	
折旧	−	0	
支付利息前利润	=	0	
财务收入／支出	+/−	0	
额外收入／支出	+/−	0	
税前利润	=	0	
所得税		0	
净利润	=	0	

表 2-4-15　资产负债表（财务总监填写）　　　　　　（编报单位：M）

资产		年初	年末	负债＋权益		年初	年末
固定资产				负债			
土地和建筑（含在建工程）	+	0		长期负债	+	0	
机器和设备	+	0		短期负债	+	0	
总固定资产	=	0		应付款	+	0	
				应交税	+	0	
				总负债	=	0	
流动资产				权益			
现金	+	100		股东资本	+	100	
应收款	+	0		利润留存	+	0	
总流动资产	=	100		年度净利	+	0	
				所有者权益	=	100	
总资产	=	100		负债＋权益	=	100	

27

第三部分 公司贷款申请表

（　　）组贷款记录表

序号	贷款时间	贷款类型	贷款金额	还款时间	还款金额（包括利息）	教师签字确认

第四部分 物流电子沙盘教师端使用说明

物流沙盘软件分教师端和学生端。学生端的正常运作、课堂授课的有序进行离不开教师端的控制。在开始上课之前，教师要做好教学环境的设置，包括 ITMC 物流沙盘的注册和客户端的连接设置，确保整个网络的连接通畅。注册之后，初次使用要先建立数据库，进行数据库的初始化。经营过程中教师端的控制包括：订单续约和订单投标的控制、进入下一年的控制、允许追加股东投资的控制等。

在教学开始之前，教师首先和中教畅享公司联系，进行在线注册或人工注册，检查局域网的设置，确保学生端和教师端能连接上。

一、教师指导平台

第一次应用 ITMC 物流沙盘或者上次注册日期到期时，需要对 ITMC 物流沙盘进行重新注册，注册的方式有两种，一种是在线注册，即通过 www.itmc.cn/reg 网址进行注册，另外一种为人工注册。试用用户只提供在线注册。

1. 在线注册

步骤一： 如果首次使用 ITMC 物流沙盘或者是 ITMC 物流沙盘已到期，点击"ITMC 物流电子沙盘教师指导平台"时，系统自动弹出 ITMC 物流沙盘注册窗口，如图 4-1 所示。

步骤二： 点击"在线注册"（见图 4-2），系统自动连接到 www.itmc.cn/reg，或者直接输入 www.itmc.cn/reg，按照上面提示进行注册。

图 4-1 ITMC 物流沙盘注册窗口　　　　　　图 4-2 提示进行注册

（1）如果您是第一次注册，点击"申请新用户"，申请注册登录用户名和密码，如图 4-3 所示。

（2）填写登录账号、用户姓名、密码、所在学校、联系人等信息后，点击"申请"按钮，提交注册用户申请，等待审核，如图 4-4 所示。

物流企业沙盘模拟实训教程 第2版（实训手册）

图 4-3　登录界面

图 4-4　用户注册信息

（3）ITMC 物流沙盘注册管理员对提交新用户信息审核通过后或者您已经是老用户，则重新登录 http://www.itmc.cn/reg，在用户名栏输入申请时的用户名，在密码栏输入密码后，点击"登录"按钮进行登录。在右边列表菜单里面，选择"物流企业经营管理沙盘模拟系统"，

30

提交注册，如图 4-5 所示。

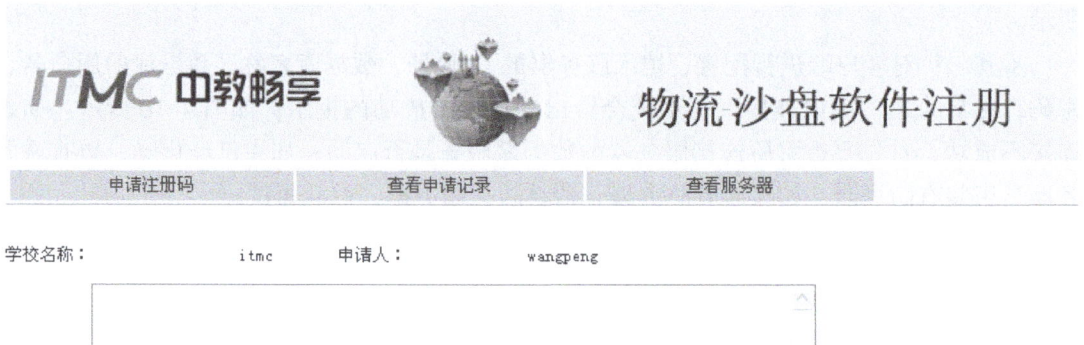

图 4-5　注册界面

（4）双击桌面上的图标"ITMC 物流电子沙盘教师指导平台"，系统自动弹出物流沙盘注册对话框，完整复制系统自动生产的序列号到"序列号"栏后，点击"提交"按钮，等待审核；待提交的注册申请审核通过后，ITMC 物流沙盘程序便可以使用了，如图 4-6 所示。

图 4-6　物流沙盘注册

2. 人工注册

步骤一：双击桌面"ITMC 物流电子沙盘教师指导平台"，系统自动弹出物流沙盘注册对话框，完整复制序列号栏系统自动生产的序列号，如图 4-7 所示。复制完序列号后，一定要保留物流沙盘注册窗口。

物流企业沙盘模拟实训教程 第2版（实训手册）

步骤二：通过电子邮件或者其他方式把步骤一复制的序列号发给中教畅享的注册人员，注册人员经核实后，将注册号反馈给被注册方，被注册方将注册号填入软件中的注册号栏中，点击"注册"（见图4-8），然后系统会提示"注册成功"，特别注意的是，在注册方返回注册码之前，请被注册方人员不要关闭注册窗口。

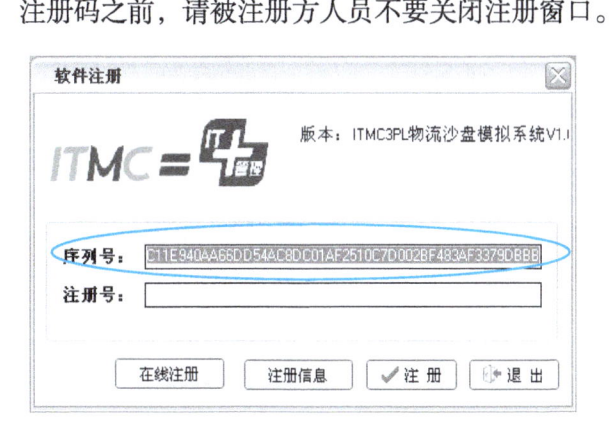

图4-7　提示进行注册

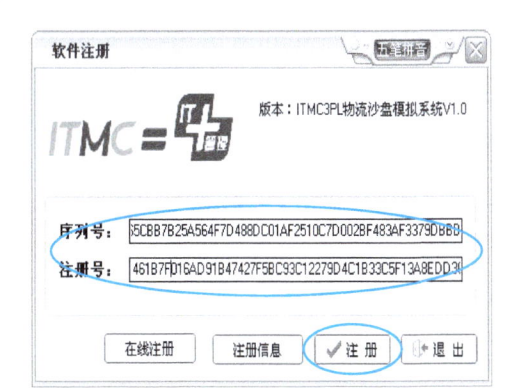

图4-8　输入注册号

3. 客户端连接设置

在初次使用 ITMC 物流电子沙盘客户端时，需要对客户端进行连接设置。

步骤一：双击桌面"ITMC 物流电子沙盘客户端"，自动弹出服务器连接窗口，如图4-9所示。

步骤二：对客户端进行配置，填入服务器的 IP 地址，数据库名称，数据库的用户名、密码，然后点击"测试连接"，系统会给出测试连接成功的提示，如图4-10所示。如果连接不成功，首先要查看所连接服务器的数据库服务是否启动；如果已经启动，再查看服务器是否装有防火墙，如果装有防火墙，请将防火墙关掉，然后再试。

步骤三：服务器连接成功后，点击"保存设置"，如图4-11所示，这样就可以登录到物流沙盘客户端了。

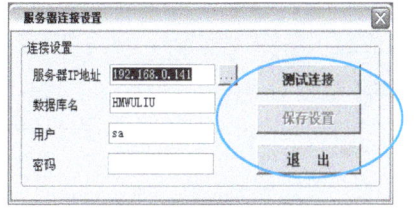
图4-9　服务器连接设置

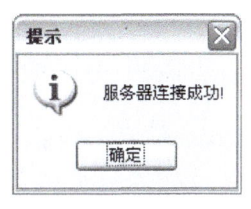
图4-10　服务器连接成功

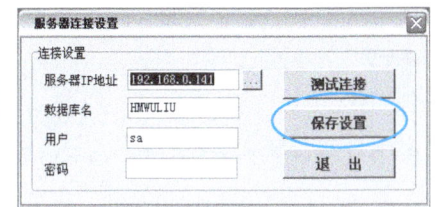
图4-11　保存设置

4. 故障说明

（1）如果客户端不能登录，首先检查网络是否连通，如不能正常连通，检查网线是否插好，网卡 IP 地址设置是否正确。

（2）如果还不通，确认已经退出防火墙或者确定 1433 端口没有被封锁或屏蔽。

（3）如果还不通，在服务器 IP 地址输入框中输入服务器主机名字，并检查 SQL Server

客户端网络实用工具中的"named pipes"是否已经启用。

（4）如果还不通，检查 GUEST 用户是否已经启用。

二、数据库配置工具

在第一次使用该软件时要建立数据库，进行数据库初始化。在授课过程中，课后要进行数据备份，下次上课之前进行数据还原。确保每个班级的数据都是独立的，不受上课时间的影响。

教师在授课之前为每个班级建立一个文件夹，该班每个阶段的数据都保存到这个文件夹中。在授课过程中每做完一个季度就进行一次数据备份。

在软件安装完毕后，ITMC 物流沙盘教师指导平台、ITMC 物流沙盘客户端的快捷方式就可以使用了。对于第一次安装 ITMC 物流沙盘的用户，必须先创建数据库，然后通过软件注册授权才能使用。

1．创建数据库

在应用 ITMC 物流沙盘前，首先要创建存放沙盘数据的数据库。

步骤一：点击"开始"→"程序"→"ITMC 物流企业经营管理沙盘模拟系统"→"ITMC 物流电子沙盘数据库配置工具"，进入数据库配置工具平台，如图 4-12 所示。

图 4-12　进入数据库配置工具平台

物流企业沙盘模拟实训教程 第2版（实训手册）

步骤二：点击"数据库创建"选项卡，进行数据库创建，如图4-13所示。

图4-13　创建数据库

（1）设置服务器名称或IP地址，可以使用快捷按钮"自动获得本机IP地址"进行设置。

（2）输入服务器的数据库管理员的用户名（默认为sa）和密码。

（3）输入ITMC物流沙盘的数据库名称（默认为HMWULIU）。

（4）选择数据文件保存的位置。

步骤三：以上设置完成后，点击"创建"按钮，系统自动创建数据库。

步骤四：创建完毕后，系统提示："创建数据库成功！"点击"OK"即可，如图4-14所示。

图4-14　数据库创建成功

2. 数据库初始化

初始化数据是用来还原已创建并且使用过的数据库，将其恢复到新建时的初始状态。

步骤一：进入数据库配置工具，点击"开始"→"程序"→"ITMC物流企业经营管理沙盘模拟系统"→"ITMC物流电子沙盘数据库配置工具"，如图4-15所示。

步骤二：点击"初始化数据"选项卡，进行数据初始还原，如图4-16所示。

（1）输入服务器名称或IP地址（默认为本机），可以使用快捷按钮"自动获得本机IP地址"进行设置。

（2）输入服务器的数据库管理员的用户名（默认为sa）和密码。

（3）输入待初始化数据库名称即物流沙盘的数据库名称（默认为HMSHAPAN）。

34

第四部分　物流电子沙盘教师端使用说明

图 4-15　进入数据库配置工具平台

图 4-16　初始化数据

步骤三：以上设置完成后，点击"初始化"按钮，系统提示："确定初始化数据吗？"点击"确定"，系统自动恢复第零年数据，初始化完毕后，系统提示："初始化经营数据成功！"点击"OK"即可。

35

物流企业沙盘模拟实训教程 第2版（实训手册）

3. 数据备份

数据备份是将数据备份到指定文件中去，如果因课时中断或者数据库损坏，可以通过"数据还原"将备份的数据进行恢复。

步骤一：打开"管理员控制平台"，进入"数据库配置工具"，点击"开始"→"程序"→"ITMC物流企业经营管理沙盘模拟系统"→"ITMC物流电子沙盘数据库配置工具"。

步骤二：单击"数据备份"选项卡，进行数据备份，如图4-17所示。

（1）输入服务器名称或IP地址（默认为本机），可以使用快捷按钮"自动获得本机IP地址"进行设置。

（2）输入服务器的数据库管理员的用户名（默认为sa）和密码。

（3）输入待备份的数据库名称即物流沙盘的数据库名称（默认为HMSHAPAN）。

（4）在"备份文件"栏位选择数据备份的位置。

步骤三：以上设置完成后，点击"备份"按钮，系统提示："确定备份数据吗？"（见图4-18）点击"确定"，系统自动进行数据备份，数据备份完毕后，系统提示："备份数据库成功！"点击"OK"即可。

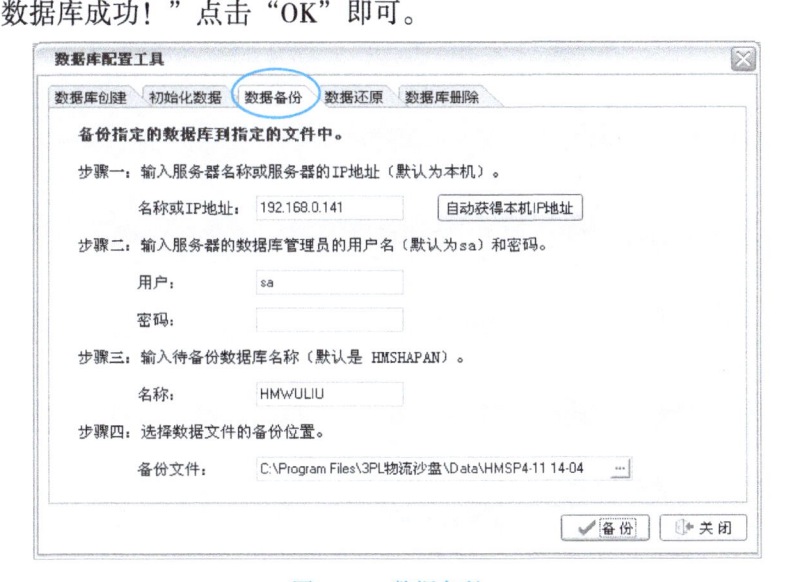

图4-17　数据备份　　　　　　　　　　　　　　图4-18　确定备份数据库

4. 数据还原

数据还原是将以前备份的数据还原到数据库中。

步骤一：打开"管理员控制平台"，进入"数据库配置工具"，点击"开始"→"程序"→"ITMC物流企业经营管理沙盘模拟系统"→"ITMC物流电子沙盘数据库配置工具"。

步骤二：点击"数据还原"选项卡，进行数据还原，如图4-19所示。

（1）输入服务器名称或IP地址（默认为本机），可以使用快捷按钮"自动获得本机IP地址"进行设置。

（2）输入服务器的数据库管理员的用户名（默认为sa）和密码。

（3）输入待还原的数据库名称即物流沙盘的数据库名称（默认为HMSHAPAN）。

（4）在"备份文件"栏选择文件的备份位置。

步骤三：以上设置完成后，点击"还原"按钮，系统提示："确定还原数据吗？"（见

第四部分　物流电子沙盘教师端使用说明

图 4-20）点击"确定"，系统自动进行数据还原，数据还原完毕后，系统提示："还原数据库成功！"点击"OK"即可。

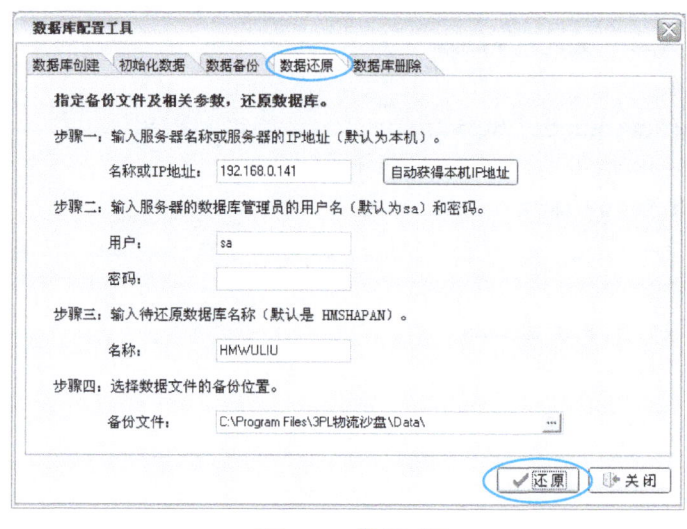

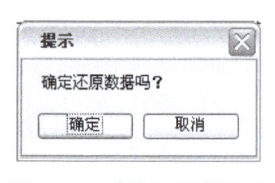

图 4-19　数据还原　　　　　　　　　　　　图 4-20　确定还原数据库

5. 数据库删除

数据库删除是用于删除已经存在的沙盘数据库。

步骤一：打开"管理员控制平台"，进入"数据库配置工具"，点击"开始"→"程序"→"ITMC物流企业经营管理沙盘模拟系统"→"ITMC物流电子沙盘数据库配置工具"，如图 4-21 所示。

图 4-21　进入数据库配置工具平台

37

物流企业沙盘模拟实训教程 第2版（实训手册）

步骤二：点击"数据库删除"选项卡，进行数据库删除作业，如图 4-22 所示。

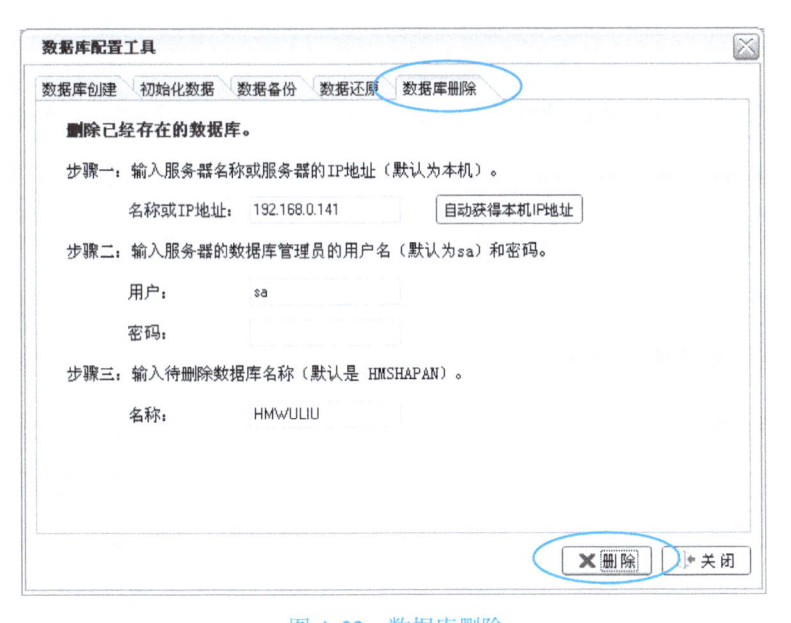

图 4-22 数据库删除

（1）输入服务器名称或 IP 地址（默认为本机），可以使用快捷按钮"自动获得本机 IP 地址"进行设置。

（2）输入服务器的数据库管理员的用户名（默认为 sa）和密码。

（3）输入待删除的数据库名称即物流沙盘的数据库名称（默认为 HMSHAPAN）。

步骤三：以上设置完成后，点击"删除"按钮，系统提示："确定删除数据库吗？"（见图 4-23）点击"确定"，系统自动删除数据库，数据删除完毕后，系统提示："删除数据库成功！"点击"OK"即可。

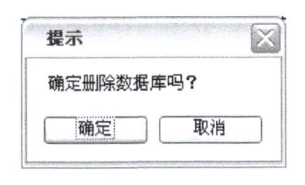

图 4-23 确定删除数据库

教师端的正常运行是确保课程顺利进行的前提。教师在上课之前一定要确保局域网畅通，学生端和教师端都能连接上。授课过程中要保证学生数据的不丢失，随时做好数据备份。数据初始化时要慎重，要在保证数据备份的前提下进行初始化。

38